자존감
빌드업

이희섭 지음

CONTENTS

03부 자존감을 어떻게 빌드업 할 수 있는가?

추천사

홍인종 | 장로회신학대학 교수

저자는 천상(天常) 목사이다. 목회 현장에서 만난 아픈 영혼들
을 그냥 지나치지 않고 마음에 품었으며, 그 아픔의 근원이 왜
곡된 자존감에 있음을 발견했다. 저자는 부정적인 자아상으로
고통받는 성도들을 위해, 성경 속에서 건강한 자아상과 자존감
을 세워가는 방법을 찾고, 치유의 길을 제시하는 믿음의 방법
을 제공한다. 저자의 영혼 사랑이 고스란히 담겨 있는 『자존감
빌드업』을 모든 성도들에게 꼭 일독하기를 추천한다.

최광열 │ 백석대 교수, 다음세대를 세우는 힘, 비전스타트 대표

'정신 건강의 척도'라고도 불리는 자존감이 가장 강력한 스펙으로 여겨지는 시대이다. 30년 넘게 청소년과 젊은이 사역을 해오면서 자존감이 얼마나 중요한지, 그리고 복잡한 시대를 살아가기 위한 강력한 무기인지를 깨달았다. 이희섭 목사의 『자존감 빌드업』은 꿈을 꾸며 앞으로 나아가야 할 청소년과 젊은이들이 수렁에 빠지지 않고, 제대로 그리고 건강하게 자존감을 빌드업해 나갈 수 있도록 가이드해주는 교과서 같은 책이다. 자존감의 교과서인 본서를 통해, 미래의 주인공이 될 청소년과 젊은이들이 사랑받고 성장하며 성숙한 삶을 살아가는 데 있어 중요한 지침서가 되기를 기대한다.

김정호 │ 성린교회 원로목사, 안양노회 공로목사, 장신대 목회신학박사

사람이 주어진 삶의 자리에서 남을 부러워하지 않고, 자기 자신에게 실망하지 않으며, 당당하게 자신의 삶을 완성해 가려면 자존감이 필요하다. 이희섭 목사의 『자존감 빌드업』은 이 귀중한 자존감을 찾고, 성경적으로 바르게 이해하며, 성경적으로 바르게 키우는 데 훌륭한 지침서가 될 것이다. 많은 사람들이 이 책을 읽고, 자신을 올바르게 사랑하는 법을 익혀서, 모두가 아름답고 성취 있는 삶을 살아가기를 소망한다.

주승중 | 주안장로교회 위임목사

올해(2024년) 한 설문조사 기관에서 발표한 "2024 자존감 관련 인식조사"에 따르면 '나는 자랑할 만한 것이 별로 없다'고 대답한 응답자가 무려 34.2%였다. 국민의 10명 중에 3명이 넘는 사람들이 자존감이 멍들어 있다는 충격적인 통계였다. 자신을 실패한 사람이라고 생각하는 통계도 21.8%가 되었다. 그렇다면 자존감에 부정적인 영향을 끼치는 요인은 무엇일까? 이에 대한 대답들 중에 가장 높은 것이 바로 "비교의식"이었다. 앞선 통계에 의하면 자존감이 낮은 사람의 특징으로 '타인과 자신을 자주 비교한다'(46.2%)는 것이었다. 타인과의 비교, 평가가 자존감에 결정적인 부정적 영향을 미친다는 것이다.

이런 비교의식은 우리 신앙인들에게도 마찬가지로 악영향을 끼친다. 칼럼리스트인 앨레나 프랜시스는 "타인과 자신의 비교는 하나님보다 다른 사람을 기쁘게 하는 데 우선순위를 두게 하며 우리가 가진 것에 감사하지 않게 만든다"고 지적하면서 타인과의 비교가 우리의 신앙생활에도 결정적으로 악영향을 끼침을 지적한 바 있다. 그러므로 비교의식을 통한 자존감의 상처는 우리 신앙인들에게도 심각한 문제가 아닐 수 없다.

바로 이런 점에서 이번에 이희섭 목사님이 쓴 『자존감 빌드업』은 우리 신앙인들을 포함한 모든 사람들에게 시의 적절하게 주어진 매우 소중한 선물이라고 생각한다. 이 목사님은 이 책에서 자존감이 무엇인지? 우리의 자존감에 영향을 주는 요소들은 무엇인지? 또 우리의 자존감은 어떻게 형성되는지? 그리고 우리의 낮은 자존감으로 인해 발생하는 문제점들은 무엇인지? 그리고 가장 중요하게는 우리의 자존감을 어떻게 세워나갈 수 있는지에 대해서 성경적이고, 또한 매우 구체적이면서도 실제적인 방법을 제시하고 있다.

이 목사님이 이 책에서 증거하고 있듯이, 우리는 "하나님의 형상대로 지음 받은 창조적 가치를 지닌 존재이며, 예수님께서 우리를 위해 대신 죽으실 만큼 구속적인 가치를 지닌 존재"이다. 어거스틴의 말대로 "하나님은 마치 이 세상에 나 한 사람밖에 없는 것처럼 나를 사랑하신다". 바라기는 이 책을 통해서 많은 분들이 우리가 스스로 얼마나 소중한 존재인지를 깨닫게 되고, 또한 자존감에 상처 입은 많은 분들이 자존감을 되찾고 회복되기를 간절히 기도한다. 그리고 그렇게 기도하는 마음으로 이 책을 모든 분들에게 강력히 추천한다.

프롤로그

부목사 시절, 새신자 소그룹 모임에 참여한 적이 있었다. 첫 시간은 서먹한 분위기를 부드럽게 하기 위해 각자 이름 앞에 형용사를 붙여 소개하기로 했다. 예를 들어 이름이 김철수라면 '용감한 김철수', 이름이 김영희라면 '사랑스러운 김영희'라고 소개하는 식이었다.

첫 번째 사람이 자신을 '알면 알수록 멋진 OOO'라고 소개하자, 모두가 박수로 화답했다. 다음 사람은 '누구나 좋아하는 OOO'라고 소개했다. 여기까지는 좋았다. 그 다음은 A의 차례였다. 그는 자신을 '세상에서 아무 쓸모없는 OOO'라고 소개했다. 이어서 B는 '아무것도 아닌 OOO'라고 소개했다. 이 말을 들은 나는 내 귀를 의심하지 않을 수 없었다. 어떻게 자기 자신을 저렇게까지 비하할 수 있을까? 그것은 결코 겸손의 표현으로 보이지 않았다. 모두가 소개를 마쳤을 때 나는 A와 B의 이름은 확실히 각인되었지만 내 마음은 몹시 씁쓸하고 안타까웠다.

죠쉬 맥도웰(Josh McDowell)은 『주의 형상, 나의 형상』에서 왜곡된 자아상을 가진 한 사람의 이야기를 소개하고 있다. 아주 차분해 보이는 한 학생이 편지를 보냈다. '저는 제가 실패작이라고 생각합니다. 사람들이 저를 어떻게 생각할지 늘 초조합니다. 제 자신을 인정할 수가 없습니다. 사람들의 눈을 마주치기가 두렵고, 심지어 그들 가까이에 있는 것조차 무섭습니다. 제 자신이 인간 쓰레기처럼 느껴집니다. 남들에게 거부당할까 봐 너무 두렵습니다.' 이 표현을 보면, 이 학생은 자신을 극도로 싫어하는 것으로 보인다. 자신감도 없고, 자존감도 낮아 보인다. 자신을 형편없는 사람이라고 생각하기 때문에 대인관계에서도 심각한 문제가 있는 것 같다. 이 상태가 더 심해지면, 차라리 존재 자체가 없어지는 것이 낫다는 위험한 생각까지 하게 될 수 있다.

이런 자기 비하는 그 학생만의 문제가 아니다. 오늘날에도 자신을 실패자라고 느끼며 살아가는 사람들이 우리 주변에는 많다. 사실, 나 역시 자존감이 형편없이 낮았던 사람이다. 내 나이 10살 때 선친께서 별세하신 후 우리 가정은 극심한 가난에 시달리게 되었다. 형편이 어려워 중학교 진학은 좌절되었고, 대신 공장에서 일을 해야 했다. 그 후 검정고시를 합격해 고등학교에 입학했지만, 계속되는 가난 속에서 늘 만족함이 없었고, 힘겹게 살아야만 했다. 미래에 대한 희망도 없이 하루하루가 무의미하게 흘러갔다. 그러던 중, 18살이 되던 해 어느 날, 옆집에 사는 교회 집사님의 인도로 교회에 나가게 되었고, 그것이 내 인생의 전환점이 되었다.

외톨이였고 수줍음이 많으며 내성적이고 순진했던 나는 교회 생활에 점차 흥미를 느끼기 시작했고, 믿음이 자라나기 시작했다. 신앙생활을 통해 하나님이 살아 계시며, 예수님이 나의 죄를 위해 십자가에 못 박혀 죽으시고 부활하셨다는 사실을 알게 되었다. 또한 그것을 믿는 자들에게 구원이 주어진다는 것을 아무 의심 없이 받아들였다. 학창 시절에는 남다른 열정으로 믿음생활을 하였고 하나님과의 교제를 성실히 하였으며, 학업에도 최선을 다했다. 그리고 그 결과 대학에 진학하게 되었다.

대학교에 입학한 지 얼마 지나지 않은 어느 봄날, 나는 신입생 신체검사를 받을 때의 사건을 아직도 잊을 수 없다. 모든 신입생들은 강당에서 정해진 코스를 따라 시력, 청력, 키, 앉은키, 허리둘레, 치아 상태 등 다양한 검사를 받았다.

나는 신체검사를 받는 동안 내내 우울했다. 왜냐하면 당시 나는 심각한 열등감을 가지고 있었기 때문이다. 다른 사람들에 비해 키가 작았고, 왼쪽 귀에 중이염을 심하게 앓고 있었으며, 충치와 덧니까지 있었다. 그뿐만 아니라 시력도 매우 나빴고, 다리는 짧고 오다리였으며, 얼굴은 못생겼고 주걱턱에 말주변도 없었다. 그래서 신체검사를 받는 내내 심한 열등감과 우울감을 느꼈다. 누가 뭐라고 하지 않았지만 내 자신이 너무 초라하게 느껴졌다. 심지어 신체검사를 담당하는 간호사들조차 나를 비웃는 것처럼 느껴졌다.

당시 캠퍼스의 봄날은 예쁜 꽃들이 만개하고, 아지랑이가 피어오르며 나비들이 너풀너풀 춤추듯 날아다니고 새들이 노래하는 화창한 날이었다. 하지만 신체검사를 마친 후 내 마음은 혹한기의 겨울날 같았다. 나는 나 자신에게 너무나 실망스러워 고개를 떨구고 무거운 발걸음으로 캠퍼스 길을 걷고 있었다. 그 순간, 내면에서 이런 음성이 들려왔다. "얘야, 그렇지만 너는 내 아들이 아니냐!" 이것은 마치 하나님의 음성 같았다. 갑작스레 들려온 말이었지만, 그 여운은 오래도록 남아 있었다.

그때 나는 깨달았다. '그렇지, 나는 하나님의 아들이지. 나를 만드신 분은 하나님인데, 왜 내가 내 자신에 대해 실망하고 있지?'라는 생각이 들었다. 순간 마음에 평안이 찾아왔다. 그러자 비로소 하나님의 만드신 아름다운 세계가 눈에 보이기 시작했다. 나는 지금도 그때 내 귀에 들렸던 그 음성은 바로 하나님의 음성이라고 확신한다. 그리고 그 사건을 계기로 나는 내 자신이 얼마나 소중한 사람인지, 그리고 내 자신을 긍정적으로 바라보는 것이 얼마나 중요한지를 깨닫게 되었다.

물론 그런 깨달음이 있은 후에도 나의 자아상과 자존감이 완전히 회복되지는 않았다. 수많은 세월이 지나고 목사가 된 이후에도 여전히 나를 붙잡고 있는 연약함이 있다. 그럼에도 불구하고 그날 이후로 자존감은 내게 소망의 돛이 되어, 그리스도 예수 안에서 내가 누구인지를 알아가게 했고, 나를 향한 하나님의 생각이 얼마나 크고 놀라운지를 깨닫게 해 주었다. 현재 나의 자아상과 자존감은 많이 높아졌다. 이는 분명 내 믿음의 성장과 함께 발전해 온 것이라 생각된다. 지금의 나를 변화시킨 원동력은 바로 이 믿음이라 할 수 있다.

아마도 자존감 문제로 나와 같은 고민을 가지고 힘겨운 나날을 보내고 있는 사람들이 많을 것이다. 그들에게 한 가지 묻고 싶다. '당신은 자신에 대해 어떻게 생각하는가?' 안타까운 것은, 내가 만나본 사람들 중에는 여전히 자신이 사랑받지 못하는 존재이며, 가치 없는 사람이라고 생각하며 살아가는 이들이 많다는 사실이다. 하나님께서 우리를 얼마나 사랑하셨고, 지금도 변함없이 사랑하신다는 사실을 알지 못한 채 말이다.

오늘날 이 시대를 살아가는 사람들에게 가장 필요한 것은, 자신이 사랑받을 만한 존재이며 가치 있는 존재라는 확고한 가치관을 정립하는 것이다. 자존감을 높이기 위해서는 나에 대한 주변 사람들의 긍정적인 메시지를 받아들여야 할 뿐만 아니라, 우리를 창조하신 하나님께서 우리에게 어떤 가치를 부여하셨는지를 알고 믿어야 한다. 하나님께서 독생자 예수 그리스도를 보내주셔서 우리 대신 십자가에 못 박혀 죽게 하실 정도로 우리를 사랑하셨다는 사실을 인식하고 믿는다면, 우리가 얼마나 소중한 존재인지를 깨닫게 될 뿐 아니라 자존감도 높아지게 된다.

자존감을 높이기 위해서는 인식과 감정의 차원을 넘어 믿음의 차원으로 나아가야 한다. 믿음의 중요성은 아무리 강조해도 지나치지 않다. 자존감을 세우는 데 있어서 믿음이 얼마나 중요한 역할을 하는지 깨닫는다면, 우리가 하나님께 얼마나 소중한 존재인지를 하나님의 관점에서 알게 될 것이다. 또한 이 책은 당신이 얼마나 소중한 사람인지를 알려줄 뿐만 아니라, 그 사실을 믿도록 도와줄 것이다.

　1부에서는 자존감의 정의와 함께 자존감에 영향을 주는 요소로서 자아상, 정체성, 소속감, 자신감을 다룰 것이다.
　2부에서는 자존감이 낮을 때 나타나는 비교의식, 열등감, 대인기피증, 죄책감, 우울증 등의 현상에 대해 살펴볼 것이다.
　3부에서는 자존감을 높이기 위한 방법과 작은 실천들을 성경에 근거하여 제시하고자 한다.

　사실, 나는 오랫동안 자존감에 관한 책을 쓰고 싶었다. 하지만 자존감이나 자아상에 대한 훌륭한 책들이 이미 많이 출판되어 있어 쉽게 용기가 나지 않았다. 그러던 중, 사람들의 자존감 문제는 창조주 하나님과의 관계를 떠나서는 근본적으로 해결될 수 없다는 깨달음을 얻게 되었다. 우리가 얼마나 소중한 존재인지는 창조주 하나님과의 관계를 통해 발견된다는 사실을 깨닫고, 자존감 문제를 믿음의 관점에서 접근해 보기로 했다. 하나님께서 나를 어떻게 보실 지에 대한 해답을 성경을 통해 발견하고, 그 말씀을 믿음으로써 자존감을 높이고자 이 책을 쓰게 되었다. 이 책을 통해 많은 사람들이 자신이 얼마나 소중한 존재인지를 재발견하고, 더 밝고 행복한 삶을 살 수 있기를 바란다.

인생에서 중요한 일을 하기 위해서는 언제나 함께 일하는 사람들이 필요한데, 이 책이 발행되기까지 도움을 주신 분들이 많다. 특히 이 책이 나오기까지 산파 역할을 해주신 검단명성교회의 이일환 목사님께 감사를 전한다. 또한, 함께 기도해 주신 검단목천교회 성도들과 아내에게 이 책을 바친다. 무엇보다도, 이 책을 쓸 수 있도록 감동을 주시고, 시작부터 마지막까지 도와주신 하나님께 영광을 돌린다.

'빌드업(build-up)'이라는 용어는 '쌓아 올린다(build-up)'
는 뜻의 건축용어에서 유래한 표현이지만 주로 축구에서 많
이 사용되고 있고, 요즘 그 쓰임이 넓어지고 있다. '하나씩
점차 쌓아 올리는 것'이라는 뜻을 가지고 있으며, 무엇을 차
곡차곡 쌓아 완성하는 과정으로 이해할 수 있다. 최종 결과
에 이르는 방법은 다양하지만, 빌드업은 여러 단계를 순차
적으로 거쳐 올라가는 방식을 말한다.

01부

자존감
그것은 무엇인가?

01부
자존감 그것은 무엇인가?

1. 자존감의 중요성

　이 세상에서 나를 가장 잘 아는 사람은 바로 나 자신이다. 또한 세상에서 나를 가장 소중히 여기고 사랑할 사람도 나 자신이다. 내가 존재하지 않는 세상은 아무런 의미가 없다. 사람이 온 천하를 얻고도 자기 목숨을 잃으면 무슨 소용이 있겠는가? 그런데 안타깝게도 많은 사람들은 자신이 얼마나 소중하고, 얼마나 가치 있는 존재인지 모른 채 살아가는 사람들이 많다. 끊임없이 자신을 다른 사람과 비교하며 열등감에 사로잡히고, 죄책감과 우울증에 시달리며 불편한 대인 관계 속에서 살아간다. 이러한 사람들에게 가장 시급한 것은 자존감의 회복일 것이다.

　데이빗 A. 씨멘즈의 『치유하시는 은혜』에서 저자는 이렇게 말한다.

'1986년 5월, 나는 조지 갤럽으로부터 이런 이야기를 들었다. 그가 실시한 최근의 여론 조사에 따르면, 미국인의 삼분의 일이 낮은 자존감으로 어려움을 겪고 있다는 것이었다. 그는 이것이 우리 시대의 으뜸가는 심리적 질병이라고 생각하고 있었다.'

자존감은 정신 건강의 중요한 척도가 된다. 현대의 많은 심리학자들도 자존감이 정신 건강의 척도가 된다는 데 의견을 같이하고 있다. 급속한 경제 발전으로 인간성이 황폐해지고, 인간의 가치가 물질적인 요소에 밀려나고 있는 상황에서 자존감을 높이는 일은 그 어느 때보다 절실하다. 일반 상담이나 기독교 상담을 막론하고, 사람들은 자기 자신에 대한 잘못된 평가에서 해방시키려는 관심이 높아지고 있다.

그러나 자존감 문제는 기독교계에서 강한 비판을 받았다. 제이 아담스(Jay Adams)와 폴 비츠(Paul C. Vitz) 같은 영향력 있는 저자들은 자존감에 대한 새로운 관심이 자기 숭배를 위한 구실일 뿐이라고 주장했다. 아담스는 자존감, 자기애, 자아상 같은 용어들에 대해 강하게 비판했다. 그는 자존감을 우상 숭배나 악성 전염병 같은 표현으로 비난하며, 성경이 인간의 죄악과 자기부정, 금욕에 초점을 맞추고 있다고 주장했다. 아담스는 자존감을 기독교 내에서 설 자리가 없는 '이교도적' 개념으로 묘사했으며, 또한 '자기 가치'를 논하기보다는 자신을 '범죄자'로 보고 '날마다 자신을 죽여야 한다'고 강조했다.

그러나 두 가지 면에서 이러한 주장을 다시 살펴볼 필요가 있다. 첫째,

아담스의 주장이 성경적이냐는 것이다. 성경에는 인간성에 대한 부정적인 표현뿐만 아니라 긍정적인 표현도 동시에 등장한다. 인간은 죄로 타락한 존재이기도 하지만, 하나님의 형상으로 창조된 존재이며 그리스도 안에서 새롭게 된 존재이기도 하다. 둘째, 기독교의 역사는 사회 속에서 사람들과 함께 호흡해 왔다. 기독교는 사람들의 필요에 성경적인 답을 제시함으로써 올바른 길로 인도해야 하는 사명을 가지고 있다. 자존감 문제도 같은 차원의 대응이 필요하다고 본다.

언제부터인가 '자존감'이라는 단어가 사람들 사이에서 자주 언급되었고, 많은 이들이 자존감의 중요성을 인식하게 되었다. 노래는 사회 변화를 반영하는 매개체 중 하나이다. 우리나라에서 한때 유행했던 동요 '아빠 힘내세요'는 실의에 빠지고 자존감이 낮아진 수많은 아빠들에게 위로와 희망을 주는 노래가 되었다. 이 곡은 MBC 창작 동요제를 통해 발표되었지만, 동요제에서 상을 받지는 못했다. 그럼에도 불구하고 수상곡들보다 더 유명해졌고, 심지어 초등학교 교과서에도 실리게 되었다.

딩동댕 초인종 소리에 얼른 문을 열었더니
그토록 기다리던 아빠가 문 앞에 서 계셨죠
너무나 반가워 웃으며 아빠하고 불렀는데
어쩐지 오늘 아빠의 얼굴이 우울해 보이네요
무슨 일이 생겼나요. 무슨 걱정 있나요
마음대로 안 되는 일 오늘 있었나요
아빠 힘내세요. 우리가 있잖아요
아빠 힘내세요. 우리가 있어요

이 노래가 유명해진 시점은 1998년이었다. 1997년 11월 외환위기로 인해 대기업과 중소기업들이 부도를 맞으며 쓰러졌고, 부도를 면한 기업들조차 대규모 구조조정으로 실직자를 양산하게 되었다. 이 당시에는 가정 내 경제활동의 절대적인 주축이 30~50대 남성이었다. 많은 남성들이 실직하거나 실직 위기에 처해 있었고, 이들 중 다수는 유치원생이나 초등학생 자녀를 두고 있었으며, 노래 가사처럼 저녁 무렵 집에 들어서면 우울감에 사로잡혀 있는 경우가 많았다.

이런 상황에서 이 노래가 비록 창작 동요제에서는 상을 받지 못했지만, 외환위기로 실의에 빠진 대한민국의 아버지들에게 희망과 위로를 준 노래로서 상당한 센세이션을 일으켰고, 여러 유치원과 초등학교에서 유명해졌다.

이 밖에도 교회에서만 들을 수 있었던 CCM '당신은 사랑받기 위해 태어난 사람'이라는 노래가 갑자기 대중문화와 사회의 중심에 등장하기도 했다. 그 가사는 다음과 같다.

> 당신은 사랑받기 위해 태어난 사람
> 당신의 삶속에서 그 사랑받고 있지요
> 당신은 사랑받기 위해 태어난 사람
> 당신의 삶속에서 그 사랑받고 있지요
> 태초부터 시작된 하나님의 사랑은
> 우리의 만남을 통해 열매를 맺고
> 당신이 이 세상에 존재함으로 인해
> 우리에게 얼마나 큰 기쁨이 되는지
> 당신은 사랑받기 위해 태어난 사람
> 지금도 그 사랑 받고 있지요

그 외에도 자존감을 소재로 하는 다음과 같은 CCM들이 많이 보급되었다.

- 너희 하나님 여호와가
- 감사해요 깨닫지 못했었는데
- 우리가 간직해야 할
- 나 가진 재물 없으나
- 야곱의 축복

이러한 찬양들이 애창곡이 되었다는 것은 자존감에 대한 사회적, 시대적 관심이 높아졌다는 것을 의미한다. 현대 자본주의 사회에서 높은 자존감은 행복의 필수 요소로 간주된다. 자존감의 기본 모토는 다음과 같다. '당신이 자신을 귀하게 여기고 자신에 대해 긍정적으로 느끼지 않는다면, 당신은 행복할 수 없다.'

성경은 하나님을 사랑하고 이웃을 사랑하며 자연을 사랑하는 것이 우리가 우리 자신을 어떻게 생각하고 대하는 것과 직간접적으로 관련이 있다고 말한다. 만약 사람이 자신을 사랑하지 않는다면, 어떻게 이웃을 자신처럼 사랑할 수 있겠는가? 또한 어떻게 하나님을 사랑하며 자연을 사랑할 수 있겠는가? 그러므로 자존감을 회복하고 성장시키는 것은 하나님의 강력한 요구이자 명령이며, 시급한 일이다.

> 자존감의 기본 모토는 다음과 같다. '당신이 자신을 귀하게 여기고 자신에 대해 긍정적으로 느끼지 않는다면, 당신은 행복할 수 없다.'

2. 자존감의 정의

정신과 의사들과 상담가들은 환자와 내담자들에게 한 가지 공통된 문제가 있다고 하는데, 바로 자존감과 관련된 문제이다. 즉 많은 사람들이 심한 열등감에 시달리며, 자신을 무가치한 존재로 생각하고, 죄책감을 느끼며, 사람들과의 만남을 두려워하고 있다. 한마디로, 이들은 자신을 사랑하지 못할 뿐만 아니라 자신의 존재 가치도 인정하지 않고 있다.

다음 질문들은 당신의 자존감에 대한 생각을 일깨우는 데 도움이 될 것이다. 거울을 보면서 대답해 보기 바란다.

- 나는 나를 좋아하는가?
- 나는 사랑받을 가치가 있다고 생각하는가?
- 나는 소중한 사람이라고 생각하는가?
- 하나님은 나를 어떻게 생각하실까?

그렇다면 자존감이란 무엇일까? 전문가들이 제시하는 자존감의 정의는 다음과 같다.

- 자신에 대한 객관적 판단이 아니고, 주관적 판단이나 느낌 또는 태도이다(정정숙).
- 자기 자신에게 가치를 부여하고 자기 자신을 귀히 여김과 사랑, 그리고 진실성을 가지고 대할 수 있는 능력이다(Satir).
- 자신의 가치에 대한 주관적 평가다(Parrott).

• 자신이 사랑받을 만한 가치가 있는 소중한 존재이고 어떤 성과를 이루어낼 만한 유능한 사람이라고 믿는 마음이다(위키백과).

이러한 정의들을 종합해 보면, 자존감은 '자기 자신에 대해 내리는 주관적인 판단 또는 느낌'과 '자신을 사랑하고 소중히 여기는 감정'이라고 할 수 있다. 그래서 자존감이 높은 사람은 자신이 사랑받을 만한 가치가 있는 소중한 존재라고 믿고 느끼는 반면, 자존감이 낮은 사람은 자신이 가치 없는 사람이라고 느낀다.

그러나 여기서 자기를 사랑하는 것이 지나쳐 병적인 '자기애'로 발전하는 것은 지양해야 한다. 현재 '자기애'라는 단어는 자신의 가치를 높이고 싶어 하는 욕망에서 비롯된 부정적인 의미로 사용되고 있다. 영어로는 '나르시시즘(narcissism)'이라고 한다. 나르시시즘은 그리스 신화에서 유래한 개념이다.

나르시스라는 소년 목동이 있었다. 그는 매우 잘생겨서 많은 요정들에게 구애를 받았지만, 모두 거절했다. 어느 날 나르시스는 양 떼를 몰고 가다가 호숫가에 이르렀는데, 물속에서 너무나 아름다운 얼굴을 보게 된다. 그것이 자신의 얼굴이라는 것을 알아차리지 못한 나르시스는 그 얼굴과 깊은 사랑에 빠져 결국 물속으로 들어가 죽게 된다. 나르시스가 있던 자리에서 꽃이 피어나자 사람들은 그의 이름을 따서 그 꽃을 나르시스라고 불렀다. 우리말로 수선화라 한다.

현재 '나르시시즘'은 성격장애의 한 유형으로 분류되며, '자기애성 성격장애'라고 불린다. 이는 지나치게 자신을 사랑하여 자기도취에 빠지고 타인을 배려할 줄 모르는 미숙한 사람들을 가리키는 말이다. 자기애가 강한 사람은 자신의 장점만을 받아들이기 때문에, 누군가가 비난하면 쉽게 기분이 상하고 자신의 단점을 인정하지 않는다.

반면, 건전한 자존감을 가진 사람은 자신을 수용하는 능력이 커서, 다른 사람들이 자신을 비난하거나 무시하더라도 비교적 감정적 동요가 적고 상처를 덜 받는다. 자신이 잘하는 것도 있고 못하는 것도 있듯이, 자신을 좋아하는 사람도 있고 싫어하는 사람도 있을 수 있다고 받아들인다. 따라서 자기애와 자존감은 구분해서 사용해야 한다. 이 책에서는 병적인 자존감으로서의 자기애는 다루지 않는다.

자존감의 가장 대중적인 의미는 '자아 존중감'이다. 이는 스스로가 자기 자신을 얼마나 존중하고 가치 있는 존재로 받아들이는지를 의미한다. 자존감이 낮은 사람은 자신을 쉽게 비하하고 정죄한다. 타인으로부터 부당한 비난을 받았을 때, 무장 해제된 듯이 반박조차 하지 못하고, 그 비난을 사실인 양 받아들여 '내가 뭘 할 수 있겠어?'라는 괴로운 생각에 빠져버리기도 한다. 이러한 사람들은 스스로를 무가치하고 실패한 존재로 간주하며, 쉽게 상처받는다.

서두에서 언급했던 것처럼, 죠쉬 맥도웰(Josh McDowell)은 『주의 형상, 나의 형상』에 나오는 학생 이야기가 이에 해당한다. 이처럼 자신을 비하할 때, 우리는 우리가 얼마나 소중한 존재인가를 잊어버리게 된다.

최현석은 「인간의 모든 동기」에서 펠런(T. Phelan)이 말한 자존감이 높은 사람과 낮은 사람의 특징을 다음과 같이 소개하고 있다.

1) 자존감이 높은 사람들의 특징

① 정서가 밝고 감정의 기복이 심하지 않다.

② 외향적이며 다른 사람들과 함께 있는 것을 편하게 느낀다. 사람들이 자기에게 호감을 느끼고 인정해 줄 것이라고 기대하기 때문에 새로운 사람을 만나는 것을 좋아한다.

③ 자신감이 있고 긍정적이며 새로운 일을 해보는 것을 좋아한다. 새로운 도전을 맞이할 경우 열정과 흥분에 찬 기대감으로 부푼다.

④ 맡은 일을 철저하게 처리한다. 좌절을 겪더라도 곧 성공할 것이라고 생각하기 때문에, 사소한 문제나 걸림돌은 물론 큰 난관도 잘 참아낸다.

⑤ 정신과 육체가 모두 건강하다.

⑥ 독립적으로 일을 할 수 있으며 주도성과 책임감이 있다.

⑦ 자신이 이룬 업적에 대한 공로는 현실적인 만큼만 취하며 이에 만족을 느낀다.

2) 자존감이 낮은 사람

① 불안해하고 짜증을 잘 내며 우울해한다.

② 자의식이 강한 편이며, 사람들에게 호감을 얻지 못할까 봐 두려워

하기 때문에 다른 사람들과 함께 있는 것을 불편해한다. 어리석은 말을 해 망신을 당하느니 차라리 침묵을 택한다.

③ 새로운 도전을 두려워한다. 성공하지 못할 것이라는 걱정과 그로 인해 망신을 당할 것이라는 두려움 때문이다.

④ 중간에 쉽게 포기한다. 좌절을 견디지 못하고 실패했던 경험을 떠올리며 혼자 힘으로 난관을 헤쳐 나갈 수 없다고 생각한다.

⑤ 마약중독, 원치 않는 임신, 섭식장애와 같은 건강문제에 취약하다.

⑥ 다른 사람의 영향을 많이 받고, 호감을 얻고 싶은 욕구가 강해서 자신이 하고 싶지 않은 일도 한다.

위의 내용들을 토대로 자존감이 높은 사람과 자존감이 낮은 사람을 항목별로 비교해 보면 다음과 같다.

	자존감 높은 사람	자존감 낮은 사람
인간관계	외향적이며 다른 사람들과 함께 있는 것을 편하게 느낀다. 사람들이 자기에게 호감을 느끼고 인정해 줄 것이라고 기대하기 때문에 새로운 사람을 만나는 것을 좋아한다.	자의식이 강한 편이며, 사람들에게 호감을 얻지 못할까 봐 두려워하기 때문에 다른 사람들과 함께 있는 것을 불편해한다. 어리석은 말을 해 망신을 당할까 두려워 차라리 침묵한다.
일처리	맡은 일을 철저하게 처리한다. 좌절을 겪더라도 곧 성공할 것이라고 생각하기 때문에, 사소한 문제나 걸림돌은 물론 큰 난관도 잘 참아 낸다.	중간에 쉽게 포기한다. 좌절을 견디지 못하고 실패했던 경험을 떠올리며 혼자 힘으로 난관을 극복할 수 없다고 생각한다.
도전	자신감이 있고 긍정적이며 새로운 일을 해 보는 것을 좋아한다. 새로운 도전을 맞이할 경우 열정과 흥분에 찬 기대감으로 부푼다.	새로운 도전을 두려워한다. 성공하지 못할 것이라는 걱정과 그로 인해 망신을 당할 것이라는 두려움 때문이다.
의사소통	다른 사람에게 더 관대하고 정직하고 적절한 의사소통이 가능하다.	의사소통을 할 때 모호하고 이해하기 어려우며 부적절한 반응을 보이기 쉽다.
행복관	행복을 누릴 만한 가치가 있는 사람이라고 생각한다.	행복과는 정반대되는 상황으로 자신을 몰아간다. 행복에 대한 불안, 성공에 대한 불안 때문이다.

실 패	실패를 경험하더라도 솔직히 인 정하고 받아들인다.	실패를 할 때에 합리화 시키거나 책임전가를 한다.
강 조	자신의 강점과 재능에 집중한다.	자신의 약점과 결점에 집중한다.
결 정	'존재감'은 그 사람이 얼마나 많 은 일을 결정하고 영향을 미치는 지를 의미한다. 존재감이 큰 사람 은 모임의 분위기와 성공과, 방향 을 결정하며 중요한 역할을 한다.	어떤 일을 결정할 때는 그것에 대 해 책임을 져야 한다는 마음 때문 에 쉽게 결정하지 못하고, 주저한 다(결정장애).

3) 자존감과 자존심의 차이

우리는 '자존심'과 '자존감'을 자주 혼동하여 사용한다. 하지만 두 단어는 뜻과 용법에서 차이가 있다. 자존감은 스스로 자신의 가치를 인정하고 유지하려는 감정인 반면, 자존심은 다른 사람으로부터 존중받고 싶어 하는 마음이다. 누구로부터 사랑과 존중을 받고 싶어 하느냐에 따라 자존감과 자존심이 갈린다. 그래서 누군가가 자신을 모욕하거나 대중 앞에서 깎아내려 명예를 실추시켰을 때, 우리는 자존심이 상했다고 말한다. 자존심은 '남들이 나를 어떻게 보는가?', 자존감은 '내가 나를 어떻게 보는가?'로 정리할 수 있을 것이다.

그래서 '자존심'은 다른 사람의 평가에 민감하게 반응하는 반면, '자존감'은 다른 사람의 평가에 덜 민감하다. 자존감은 자신의 평가를 더 중요하게 여긴다. 자존감이 높다는 것은 있는 그대로의 나를 사랑하고 소중하게 여긴다는 뜻이므로, 남들의 시선이나 평가에 쉽게 흔들리지 않는다. 누가 나에 대해 뭐라 하든 간에, 나는 나 자신을 잘 알고 있기에 주체성을 잃지 않는다. 그래서 누군가가 나의 부족한 점을 지적하거나 개선 방향을 조언해 주더라도, 자존심이 상하기보다는 그것을 너그럽게 받아들이고 감사하게 여긴다. 자존감이 높은 사람은 타인의 공격이나 비난에 쉽게 영향을 받지 않기 때문에 굳이 방어적으로 행동할 필요도 없다.

반면 자존심이 강한 사람은 다른 사람들이 자신을 어떻게 평가하는지에 많은 신경을 쓰며, 그들의 평가 기준에 맞추기 위해 애를 쓴다. 다시 말해, 자신의 가치관에 따라 행동하기보다는 남들의 눈을 의식하고 거기에 맞춰 행동한다. 따라서 이러한 사람들은 삶이 매우 피곤하게 느껴질 수 있다. 자존심은 내면에서 비롯되는 것이 아니라 외부의 영향을 받으며, 주변과의 비교를 전제로 하기 때문이다.

따라서 자존심은 자신보다 더 나은 사람을 만나면 낮아지고, 자기보다 못한 사람을 만나면 우쭐해진다. 예를 들어, 수학 시험에서 95점을 맞았다고 하자. 객관적으로 보면 매우 높은 점수이다. 그러나 경쟁자인 학생이 98점을 받았다는 소식을 듣는 순간, 자신은 비참해지고 자존심이 상할 수 있다. 반면, 그 학생이 90점을 받았다고 하면 기분이 좋아지고 우쭐해진다. 즉, 자존심은 객관적인 성과가 아니라 주변과의 비교를 통한 주관적인 판단에 의존한다.

이러한 자존심의 발동은 결국 열등감에서 비롯된다. 자존심이 강한 사람은 자신의 부족한 점이 드러나 무시당할까 봐 늘 긴장하며, 다른 사람과 자신을 비교하느라 피곤해한다. 자존심이 높은 사람은 실패할 경우 좌절하고, 그 실패의 원인을 자기 자신이 아닌 다른 사람에게 돌리려는 경향이 있다. 또한, 자존심이 강한 사람들은 비난이나 공격을 받을 때 스스로의 품위를 지키기 위해 오히려 타인을 공격하기도 한다.

세상에서 가장 소통하기 어려운 사람은 자존심이 강하면서 자존감이 지극히 낮은 사람이다. 이런 사람과 친밀한 관계를 형성하기는 참으로 어렵다. 이 시대 숙제는 자존심을 높일 것이 아니라 자존감을 높이는 일이며, 부모 또한 자녀를 자존심이 높은 아이가 아닌, 자존감이 높은 아이로 키우기 위해 힘써야 한다.

부모는 자녀를 자존심이 높은 아이가 아닌,
자존감이 높은 아이로 키우기 위해 힘써야 한다.

3. 자존감에 영향을 주는 요소들

자존감에 영향을 주는 것들로는 자아상, 정체성, 소속감, 자신감 등이 있다.

1) 자아상

자아상은 자존감 형성에 지대한 영향을 미치며, 높은 자존감을 가진 사람들은 일반적으로 긍정적인 자아상을 가지고 있다. 따라서 두 용어를 완전히 동일시할 수는 없지만, 비슷한 의미로 사용해도 큰 무리가 없다. 굳이 차이점을 들자면, 개념의 초점이 다르다는 것이다. 자아상은 자신을 어떻게 인식하고 이해하는지에 중점을 두며, 주로 개인의 신념과 생각을 반영한다. 이는 자신에 대한 이미지와 관련된 개념이다. 한편, 자존감은 개인이 자신을 얼마나 가치 있게 여기는지, 그리고 자신에 대해 어떤 감정을 느끼는지에 중점을 두며, 주로 감정과 평가와 관련된다. 이는 자신에 대한 감정적 가치를 나타내는 개념이다.

(1) 자아상의 정의

죠쉬 맥도웰(Josh McDowell)은 「주의 형상 나의 형상」에서 자아상에 대한 새로운 관심을 '금세기의 가장 중대한 심리학적 발견'이라고 불렀다. 사람들은 자기 자신이 어떤 사람이라는 개념을 가지고 있다. 이렇게 자신이 자신에 관해 갖고 있는 마음의 상을 자아상이라고 한다.

'나는 나를 어떻게 보고 있는가?' 좋게 보고 있는가, 아니면 나쁘게 보고 있는가? 만일 매일 아침 거울 속의 나를 바라보며 스스로에게 만족하는가? 만약 '그렇다'라고 답한다면, 당신은 긍정적인 자아상을 가지고 있는 것이다. 하지만 '아니다'라고 답한다면, 부정적인 자아상을 가지고 있는 것이다.

일반적으로 '성공학'의 효시로 맥스웰 몰츠(Maxwell Maltz) 박사를 꼽는다. 그가 쓴 『성공의 법칙』이란 책에서는 사람들이 다이어트에 성공하지 못하는 이유를 독특한 관점에서 설명하고 있다. 한 마디로 '자아상'(self image)을 바꾸지 못했기 때문이라는 것이다. 자아상이란 내가 스스로 생각하는 내 모습, 즉 내가 마음속에 담고 있는 내 이미지를 뜻한다. 대부분의 뚱뚱한 사람은 마음속에 뚱뚱한 자아상을 가지고 있다. "나는 원래 뚱뚱한 사람이다"는 생각에 지배를 당하면 다이어트를 하면서도 "과연 내가 날씬해질까?"라는 확신을 가지지 못한다. 그러다 다짐이 느슨해지고 게을러지면서 "오늘까지만 이렇게 하고 내일부터 열심히 하지 뭐!" 하고 합리화한다. 식탐이 찾아오면 이를 물리치지 못하고 약한 모습을 보인다. "에이 모르겠다. 먹고 보자!" 하고 주저앉는다. 결국 다이어트에 실패하게 된다. 그런데 이 사람이 자아상을 날씬한 자아상으로 바꾸면 상황이 달라진다. 뚱뚱한 자기 모습을 도저히 받아들일 수 없다. 그래서 다이어트에 반드시 성공해야 한다며 목숨 걸고 몰두한다. 조금 느슨해지고 게을러지면 절대로 용납하지 않는다. 그래서 결국 다이어트에 성공한다. 결국 자아상이 관건이다. 어떤 자아상을 가지고 사느냐에 따라 인생이 결정된다. 긍정적인 자아상을 가지고 사는 사람들은 성공적인 인생을 살 수 있다. 반대로 부정적인 자아상을 가지고 사는 사람들은 성공적인 인생을 살 수 없다. 그러므로 성공적인 인생을 살려면 자아상을 바꿔야 한다. 부정적인 자아상을 버리고 긍정적인 자아상을 가져야 한다.

자아상에 대한 정의는 다양하다.
① 나 자신의 정신적 사진
② 내가 색칠한 나 자신에 대한 마음의 그림
③ 내가 스스로 생각하고 느끼는 나 자신의 모습

자아상은 '내가 생각하는 나'의 정신적인 모습이다. 이는 '남이 나를 어떻게 생각하느냐'보다 '내가 나를 어떻게 생각하느냐'에 더 큰 비중을 둔다. 이 자아상은 외부 사람들의 영향을 받아 형성되며, 다른 사람들이 나에 대해 내리는 판단이 크게 영향을 준다. 그러나 그들의 판단은 부정확할 수 있고, 그들 또한 연약한 존재들이다. 가장 정확한 것은 나를 창조하신 하나님의 관점으로 나를 바라보는 것이다.

자신이 가진 자아상은 곧 믿음의 결정체라 할 수 있다. 왜냐하면 다른 사람이 나를 어떻게 보느냐, 하나님이 나를 어떻게 보시느냐에 대한 평가들을 들으면서 자아상에 대한 믿음이 형성되기 때문이다. 그 믿음이 자신을 보는 기준으로 작용하게 된다. 특히, 하나님이 나를 어떻게 보시는가에 대한 평가가 가장 결정적인 기준이 된다.

루이스(C. S. Lewis)는 "나에게 가장 중요한 것은 하나님이 나를 어떻게 보느냐 하는 것이다"라고 했다. 더도 말고 덜도 말고, 하나님이 보시는 관점으로 우리를 보는 것이 크리스천의 자아상이다.

다음 그림은 20세기 초현실주의 화가로 유명한 살바도르 달리(Salvador Dali: 1904-1989)가 그린 〈십자가 성 요한의 그리스도〉이다. 이 그림은 다른 십자가 성화와는 다른 특징이 있다. 그것은 관찰자의 위치가 기존의 성화들과 다르다는 것이다. 하늘에 계신 하나님 아버지께서 저 높은 곳에서 내려다보고 계시며, 그 중간 공간에 십자가에 처형된 예수님이 있으며, 그 예수님 아래로 우리가 사는 세상이 있다.

〈십자가 성 요한의 그리스도〉에서는 하나님께서 하늘에서 세상을 내려다볼 때 단순히 세상만을 보는 것이 아니라, 십자가에 달린 예수 그리스도를 통해 세상을 보신다는 의미가 내포되어 있다. 즉, 하나님이 우리를 보실 때는 예수 그리스도를 통해서 보신다. 직접적으로 보실 때는 죄인이지만, 예수 그리스도를 통해 보실 때는 용서받은 의인이 된다.

여기서 중요한 것은 하나님께서 우리를 보실 때 십자가를 통해서 우리를 보시는 것처럼 우리 자신도 하나님의 관점에서 자신을 보아야 한다는 것이다.

우리는 이 그림을 통해 하나님이 그 아들 예수 그리스도를 우리 죄를 대신하여 죽게 하시기까지 우리를 얼마나 사랑하셨는지를 알 수 있다. 이것을 믿을 때, 우리는 자신이 얼마나 소중한 존재인지를 깨닫게 된다. 그러므로 우리는 자신을 볼 때 자신의 평가나 주변 사람들의 평가보다도, 하나님이 보시는 관점으로 자신을 바라보아야 한다. 그럴 때 우리의 자아상은 건강하게 형성된다.

이사야 43:4 네가 내 눈에 보배롭고 존귀하며 내가 너를 사랑하였은즉 내가 네 대신 사람들을 내어 주며 백성들이 네 생명을 대신하리니

스바냐 3:17 너의 하나님 여호와가 너의 가운데에 계시니 그는 구원을 베푸실 전능자이시라 그가 너로 말미암아 기쁨을 이기지 못하시며 너를 잠잠히 사랑하시며 너로 말미암아 즐거이 부르며 기뻐하시리라 하리라

이 말씀은 하나님께서 우리를 보는 관점을 표현하고 있다. 이러한 종류의 구절들이 성경에 많이 기록되어 있다. 우리는 이 말씀 표현 그대로 믿어야 한다. 그럴 때 우리는 긍정적인 자아상을 가지게 된다. 자존감과 자아상은 둘 다 믿음과 깊은 연관이 있다.

대개 믿음은 행함으로 나타난다. 신앙의 영역에서 그렇듯이 자존감의 영역에서도 그렇다. 자신을 어떤 사람으로 믿고 있느냐에 따라 우리의

행동이 결정된다. 사람은 자아상이 일단 형성되면, 그때부터 모든 것이 그 사람의 자아상을 통해 보이고, 들리고, 이해되고, 평가된다. 사람이 가진 자아상은 그의 행동과 태도, 그리고 다른 사람들과의 관계와 하나 님과의 관계에 영향을 미친다. 인간의 행동은 행위자가 '어떤 사람이냐' 는 사실보다는 '어떤 사람이라고 믿느냐'에 따라 달라질 수 있다.

비록 시간과 장소에 따라 상황은 바뀌지만, 자기 자신에 대한 믿음은 대체로 일정하다. 믿음을 바꾸지 않는 한, 한 번 형성된 자아상은 쉽게 변하지 않는다. 사람이 밝고 행복하게 살아가고자 한다면, 자아상을 믿 음으로 바꾸어야 한다.

'인생은 해석'이라는 말이 있다. 이는 크리스천 생활지 'Insight for Living'의 라디오 프로그램을 운영하는 척 스윈돌(Charles R. Swindoll) 목사의 가르침이다. "우리 인생은 사건 10%와 그 사건을 대하는 우리의 반응 90%로 이루어진다." 다시 말해, 인생은 사건 그 자체보다는 우리 삶에 일어난 사건에 대한 우리의 해석에 따라 결정된다는 것이다. 어떤 상황에 대한 우리의 해석은 긍정적일 수도 있고 부정적일 수도 있는데, 그 해석에 따라 똑같은 상황이 축복이 될 수도 있고, 삶의 덫이 될 수도 있다. 특히 불행한 사건에 대한 해석이 더욱 중요한데, 시험과 고난, 아 픔과 위기를 어떻게 해석하느냐에 따라 삶의 방향이 달라진다.

그렇다. 만사는 해석하기 나름이다. '꿈보다 해몽'이라는 말이 있다. 같은 꿈도 해몽을 잘하면 좋은 꿈이 된다는 뜻이다. 자아상도 이와 비슷하다. 자신이 느끼고 생각하는 자기 이미지에 따라 삶이 달라진다. 자아상은 우리의 해석에 결정적인 영향을 미친다. 자신의 자아상은 마치 색안경과 같다. 어떤 색안경을 끼느냐에 따라 세상이 다르게 보이는 것과 같다.

의학박사이자 국제 정신분석가인 이무석 교수도 비슷한 이야기를 하였다. 자존감과 열등감은 객관적 조건의 문제가 아니라 관점의 문제라고 분석했다. 자신을 어떤 시각에서 보느냐가 핵심이라는 것이다. 열등감은 자신을 항상 비관적이고 부정적인 쪽으로 생각하게 만들기 때문에 문제가 된다. 무의식 중에 이러한 과정이 진행되고, 이것은 습관처럼 익숙해져 버리기 때문이다. 어떤 상황에 부딪치면 거의 자동적으로 열등감에 빠진다. 마치 검은 색안경을 쓴 사람과 같다. 온 세상이 항상 어둡기만 하다.

우리 모두는 마음의 안경을 쓰고 살아간다. 세상을 보는 안경, 나를 보는 안경, 사건과 사물을 보는 안경, 그리고 나의 미래를 바라보는 안경, 하나님을 바라보는 안경 등. 과연 우리가 쓰고 있는 안경은 어떤 안경인가?

햇볕이 따갑게 내리쬐는 어느 날, 목사님들이 속리산 관광을 다녀온 후 식사하러 식당에 들어갔는데, 방이 캄캄했다.

목사: 방이 왜 이렇게 어둡습니까? 방을 밝게 해 주세요.
식당직원: 방이 아주 환한데 왜 어둡다고 하시나요?

목사: 어두운데 안 어둡다니요?

식당직원: 손님! 선글라스를 벗으세요.

열등감의 안경을 쓴 사람의 인생은 우울하고 비관적이다. 이를 극복하기 위해서는 자신의 마음을 이해하고 관점을 바꾸어야 한다.

> 하나님께서 우리를 보실 때 십자가를 통해서 우리를 보시는 것처럼 우리 자신도 하나님의 관점에서 자신을 보아야 한다.

(2) 긍정적인 자아상

긍정적인 자아상을 가진 사람들은 자기 눈에 비친 자기 모습을 대체로 있는 그대로 수용한다. 여기서 자기 모습이란 단순히 눈, 코, 입 등 육체적인 자기만을 의미하는 것이 아니라, 심리적인 자아까지 포함한다. 예를 들어, 자신을 "남들이 좋아하는, 건강한, 유능한, 믿을 만한, 장래가 촉망되는, 존재 가치가 있는, 중요한" 사람이라고 믿는다면, 그의 자아상은 긍정적이라고 볼 수 있다.

자신을 긍정적으로 보는 사람은 대체로 건강한 사람이다. 긍정적인 사고를 가진 사람은 행동에 활기가 있고 표정이 밝다. 사진을 찍을 때도 미묘한 차이가 나타난다. '나는 행복하다'고 생각하며 찍으면 밝은 표정이, 기분이 나쁜 상태에서 찍으면 어색한 표정이 그대로 사진에 반영된다. 이처럼 긍정적이든 부정적이든 사고(생각)가 중요한 이유는 감정과 신체가 사고를 따라가기 때문이다. 사고의 방향을 전환하는 것은 감정을 조절하는 것보다 쉽다. 행복하다는 감정을 느낄 기회는 많지 않아도 "나는 행복하다"라고 생각하는 것은 하루에 열 번도 할 수 있다. 생각이 감정보다 늘 앞서 있다면 결국 감정은 생각을 따라오게 된다. 어떻게 생각하느냐는 마치 자동차의 앞바퀴와 같다. 돌리는 방향에 따라 감정과 신체의 반응이 달라진다. 따라서 긍정적인 것에 마음을 집중할수록 결과는 더욱 좋아진다.

육체적인 부분도 마찬가지이다. 마음의 한 구석을 긍정적인 생각과 계획으로 채울 때, 근육도 최상의 반응을 보인다. 스포츠에서 마인드 컨트롤이 중요한 이유가 바로 여기에 있다. 긍정적 사고는 정신적인 면에 건전한 영향을 줄 뿐만 아니라 신체의 건강 상태도 향상시킨다. 젊고 건강한 삶의 시작은 어떤 운동을 하느냐보다 어떤 생각을 하느냐에 달려 있음이 분명하다.

이처럼 긍정적인 자아상을 가진 사람은 독립심이 강하고, 리더십을 잘 발휘하며, 적응력이 우수하고, 스트레스에 대한 저항력도 강하다. 또한 자존감이 높은 사람일수록 학업 성취도, 직무 수행 능력, 대인 관계 등에서 더 긍정적인 성과를 보인다.

(3) 부정적인 자아상

밥 좀머(Bob Sommer)가 쓴 『사이코 사이버네틱스 2000』에는 "코끼리 아저씨의 족쇄"라는 이야기가 나온다. 다 큰 코끼리가 뒷다리에 족쇄를 찬 채 꼼짝도 못 하고 있다. 그 족쇄는 짧은 사슬에 묶여 조그만 말뚝에 박혀 있다. 이 코끼리는 어릴 때 아주 작은 족쇄에 묶여 있었다. 그때는 힘이 없어서 풀고 도망치려 몸부림을 쳐봤지만 할 수 없었다. 여러 차례 시도해 보았지만 빈번히 실패했다. 이제는 자라서 힘이 세졌고 얼마든지 벗어날 수 있는데도 꼼짝없이 묶여 있다. 왜냐하면 어릴 때 발버둥 쳐보았자 벗어날 수 없다는 인식을 커서도 그대로 가지고 있기 때문이다.

그렇다. 오늘도 많은 사람들이 이 코끼리처럼 살아가고 있지 않은가? 부정적인 자아상에 갇혀서 얼마든지 벗어날 수 있는데도 사로잡혀 있다. 얼마든지 더 나은 삶을 살 수 있는데도 예전처럼 살아가고 있다. 그 이유는 자아상을 바꾸지 못했기 때문이다.

마리라는 여성이 있었다. 마리의 남편 짐은 자기 아내가 예쁘다고 생각했다. 그래서 그는 아내에게 자주 아름답다는 말을 했으며, 다른 사람들 앞에서도 아내를 칭찬했다. 그는 아내에게 예쁜 옷 사 주기를 즐겨했고, 그러한 선물들이 그녀를 더욱더 아름답게 돋보이도록 했다. 모든 아내들의 마음속 깊은 곳에는 남편으로부터 이러한 것을 받고 싶어 하는 마음이 있다. 그러나 마리의 경우는 달랐다. 그녀에게는 남편으로부터 받은 찬사가 문제의 원인이 되고 있었다.

그 이유는 마리의 잘못된 자아상 때문이었다. 그녀는 "당신은 내게 과장된 말만 하고 있는 거예요", "당신의 말은 실제로 그런 의미가 아니에요"라고 남편의 말을 그대로 받아들이지 않았다. 이러한 말에 짐은 마음에 상처를 입게 되고 좌절감을 느꼈다. 짐이 그녀를 아름답다고 말하는 것이 진정이라는 것을 마리에게 확신시키려고 노력하면 할수록 그들 사이에는 더 큰 장벽이 생기게 되었다.

마리의 자아의식 가운데는 하나님이 주신 아름다움이라는 선물에 대해 감사할 수 없는 어떤 것이 자리 잡고 있었다. 그것 때문에 그녀는 자신의 실제를 그대로 보지 못하고 있었다. 가장 어려운 것은 그로 인하여 그녀의 성실한 남편과 아름다운 사랑의 관계가 발전되지 못하고 있다는 점이었다.

이처럼 부정적인 자아상을 가진 사람은 자기 비하가 지나칠 정도로 심하며, 자신에게 지나치게 집중하다 보니 거절당하는 것을 두려워하여 타인을 기피하는 경향이 있다. 자신에 대해 부정적인 견해를 가진 사람은 끊임없이 자기 자신을 평가절하한다.

변상규는 『자아상의 치유』에서 '부정적 자아상'을 가진 사람들의 일반적 특징을 다음과 같이 소개하고 있다.

① 늘 자신의 부족하고 열등한 면에만 눈이 커진다. 자신의 장점보다 단점을 확대시킨다. 즉, 잘한 것 아홉 가지보다 못한 것 한 가지를 더 크게 여긴다.

② 마음에 어떤 높은 기준을 제시하는 목소리가 있다. 이 목소리는 우리가 의식하지 못할 때에도 어김없이 나타나 기준을 제시하고 이에 다다르지 못하면 가차 없이 비난하고 비판한다. 대개, 이 심리적 깡패는 권위적인 대상이 내면화된 것이기에 스스로 반박하지 못한다. 마음에 있는 판사, 검사, 변호인, 피고 중에 검사가 너무 강하다.

③ 마음속 깊이 자신을 부끄러워하며 남들에게 알려질 것을 두려워한다.

④ 기분이 좋을 때가 드물고 마음에 왠지 모를 불안과 긴장이 있다.

⑤ 쉽게 감정이 압도당하기에 대인관계에서 끊고 맺음이 불분명하다.

⑥ 실수한 사실이나 부정적인 과거에 대해 '집착' 한다.

⑦ 어떤 충돌이 있을 때 타협하지 못한다.

⑧ 어떤 일에 스스로 책임을 지기보다는 잘못을 외부로 '투사' 한다.

⑨ 내면에 근본적인 분열이 있기에 불안하다. 죄의식에 민감하다.

⑩ 사는 것 자체가 무의미하다고 생각하는 경우가 자주 있다.

이 열 가지 중에서 첫 번째 내용을 주의 깊게 살펴볼 필요가 있다. 자아가 부정적인 사람은 자신이 잘한 일에 대해 칭찬과 격려가 대단히 인색하다. 즉, 칭찬받을 일을 했을 때에는 "이런 일은 누구나 다 하는 건데 무슨 칭찬이야"라고 말한다. 반면, 실수나 잘못을 저지르게 되면 "이게 무슨 짓이람. 아니, 내가 실수를 다 하다니, 난 구제불능이야. 어떻게 사람이 실수를 할 수 있어, 이건 있을 수 없는 일이야, 용서받을 수 없는 짓이야!"라고 하면서 자학을 한다. 이로 인해 자신의 장점은 전혀 눈에 들어오지 않고 오직 단점만 생각하게 된다.

우울증의 원인을 살펴보면 부정적 자아상이 거의 1위를 차지하고 있다. 사람이 억압당할 때 오는 침울함이나 의기소침은 부정적 자아상을 강화하며, 침울함과 우울함이 깊어질수록 부정적 자아상은 더욱 심화된다. 부정적인 자아상을 가진 사람들은 두려움에 쉽게 지배당한다. 현실을 감당하지 못할 것 같은 두려움, 자신의 가면이 벗겨져 본모습이 드러날 것 같은 두려움, 실패했을 때 쏟아질 비웃음에 대한 두려움이 있다.

우리 대부분은 부정적 자기 이미지의 포로가 될 위험이 있다. 스스로를 평범하고 나약하며 겁이 많고 무능한 사람이라고 규정하면, 그러한 자기 평가가 고스란히 자신의 행동에 나타난다. 부정적 자기 이미지에 굴복하여 자신이 처한 상황을 체념하고 받아들이는 이들이 있다. 심리적 결정론에 항복하여 스스로 자신이 무력하다고 말하는 것이다.

부정적인 자아상을 가진 사람들은 대개 자신에 대한 부정적인 말을 많이 한다.

• 과연 그것을 잘할 수 있을까?
• 내 인생은 엉망이야

- 나는 창조적이지 못해
- 틀림없이 망칠 거야
- 나는 새로운 상황에서 항상 지나치게 긴장해
- 내 몸매는 정말 마음에 안 들어
- 일이 점점 더 어렵게 되어가는군
- 살이 조금 빠져도 금방 다시 쪄버려
- 그 사람을 더 이상 믿을 수 없어
- 내게도 그런 불운이 닥친다면 어쩌지?
- 아무도 나를 좋아하지 않아
- 나는 하찮은 존재야
- 나는 죽고 싶어

이런 부정적인 말들을 자주 하는 사람은 부정적인 자아상을 가지고 있다고 볼 수 있다. 부정적인 자아상을 가진 사람은 자신을 신뢰하지 않으며, 지나치게 다른 사람의 시선을 의식한 나머지 내향적이고 위축된다. 그는 다른 사람들이 자신을 대하는 태도를 올바르게 인지하지 못할 뿐만 아니라, 다른 사람들이 자신을 좋아하지 않을 것이라고 생각한다. 다른 사람들이 자신에게 부정적으로 대하고 있다고 스스로 믿어버린다.

> 루이스(C. S. Lewis)는 "나에게 가장 중요한 것은 하나님이 나를 어떻게 보느냐 하는 것이다"라고 했다. 더도 말고 덜도 말고, 하나님이 보시는 관점으로 우리를 보는 것이 크리스천의 자아상이다.

2) 정체성

정체성(identity)이란 개인이나 집단이 자신을 어떻게 정의하고 인식하는지를 의미한다. 이는 '나는 누구인가?'라는 질문에 대한 답으로 나타난다. 구약성경에 따르면, 이스라엘의 남왕국 유다는 바벨론에 의해 멸망하였고, 대부분의 백성은 바벨론에 포로로 끌려갔다. 그들은 70년 동안 포로 생활을 하며 자신들의 정체성을 잃어버렸다. 이에 하나님은 그들에게 소망의 메시지를 주셔서 잃어버린 '하나님의 백성'이라는 정체성을 되찾게 하셨다. 이것은 정체성이 얼마나 중요한지를 우리에게 일깨워 준다. 오늘날 우리에게도 정체성의 확립은 중요하다. 정체성이 확립되면 외부의 평가나 변화에 크게 흔들리지 않으며, 삶의 방향과 모습을 결정할 뿐만 아니라 자신을 더욱 견고하게 유지할 수 있게 된다.

(1) 사람은 하나님의 형상대로 창조되었다

인간이 어떤 존재이며 인생의 목적이 무엇인지에 대한 질문은 고금을 막론하고 여러 사상가와 종교적 가르침의 핵심 주제가 되어 왔다. 인간의 본질을 명확히 규명하는 것은 우리의 인생을 의미 있게 만들어준다.

성경에 의하면 인간은 하나님의 창조의 꽃이다. 인간은 하나님에게 특별한 존재이다. 인간은 하나님의 창조의 정점이며(창세기 1장), 하나님의 형상대로 창조된 유일한 피조물이다(창세기 1:26-28).

창세기 1:26-28 하나님이 이르시되 우리의 형상을 따라 우리의 모양대로 우리가 사람을 만들고 그들로 바다의 물고

기와 하늘의 새와 가축과 온 땅과 땅에 기는 모든 것
을 다스리게 하자 하시고 하나님이 자기 형상 곧 하
나님의 형상대로 사람을 창조하시되 남자와 여자를
창조하시고 하나님이 그들에게 복을 주시며 하나님
이 그들에게 이르시되 생육하고 번성하여 땅에 충만
하라, 땅을 정복하라, 바다의 물고기와 하늘의 새와
땅에 움직이는 모든 생물을 다스리라 하시니라

당신은 단지 하나님께서 당신을 그분의 형상대로 만드셨기 때문에 훌
륭하다. 당신은 소중한 사람이다. 그것으로 충분하다.

누군가는 당신을 가망 없는 사람이라고 하고, 실패자로 낙인찍으며,
무가치하다고 비난할 수 있다. 그러나 결코 그들의 말에 귀를 기울이지
말라. 그들은 자신이 무슨 말을 하고 있는지도 모른다. 하나님의 형상대
로 창조된 인간에 대한 하나님의 평가는 무엇이었는가? 그것은 보시기
에 심히 좋았다는 것이었다.

여기서 '보시기에 좋았다'는 말은 히브리어로 '토브'라는 단어를 사용
하는데, 이 단어는 '좋다, 선하다, 아름답다, 존귀하다'라는 복합적인 의
미를 가진다. 외형적인 아름다움뿐만 아니라, 하나님의 창조물 속에는
그 내면의 아름다움과 선함이 담겨 있다는 뜻이다. 그런데 하나님은 사
람을 만드신 후에는 보시기에 '심히' 좋았다고 하셨다. 다른 피조물보다

더 높은 찬사를 보내셨다는 것이다. 이 사실을 받아들이라. 당신은 하나님이 그토록 보시기에 심히 좋았다고 평가했던 사람이라는 것을 기억해야 한다.

비록 지금의 당신이 온전하지 않다 하더라도 하나님은 당신을 존재 자체를 귀히 여기신다. 그분이 당신을 사셨고, 현재 당신을 소유하고 계신다. 하나님은 당신을 향한 열정적이고 변함없는 사랑을 갖고 계신다. 당신을 향한 그분의 사랑은 당신의 외모, 재산, 성공에 의해 좌우되지 않는다. 다른 사람들의 평가에 의해서도 좌우되지 않는다. 당신은 하나님의 아이디어이며 확실한 하나님의 자녀이다. 하나님의 형상대로 창조되었다는 이 진리가 당신의 마음에서 결코 떠나지 않게 해야 한다.

하나님 눈에 비친 당신은 예수 그리스도의 생명을 바칠 가치가 있는 존재이다. 그러한 존재라는 사실만으로도 존중받고 존경받을 가치가 충분하다. 이 말은 모든 사람이 자신의 존재, 즉 '하나님의 형상을 지닌 자'로서 충분한 가치를 지닌다는 것이다. 이웃 사람들이 하나님의 형상을 지니고 있다고 믿을 때 인종차별은 힘을 잃게 될 것이다. 남녀 차별은 종지부를 찍을 것이다. 고용주가 종업원을 무시하지 못할 것이다. 극빈자, 정신질환자, 사형수, 난민을 가치 없게 여기지 못할 것이다. 모든 인간이 하나님의 형상이라고 인정한다면 결코 그렇게 하지 못할 것이다.

하나님께서 자신의 형상과 모양을 따라 인간을 창조하셨다는 말씀은 하나님이 우리로 하여금 하나님을 반영하는 존재로 만드셨다는 뜻이다.

하나님께서 천지를 창조하실 때, 다른 어떤 피조물에게도 "우리의 형상을 따라 만들자"라고 선포하지 않으셨다. 하나님께서 창조한 피조물 중 '하나님의 형상'이 언급된 대상은 오직 인간뿐이다. 이는 인간이 모든 피조물과 구별된다는 것을 의미한다.

칼뱅(John Calvin)은 인간이 하나님을 닮은 존재로 지음을 받았고, 다른 동물이나 피조물과는 비교조차 할 수 없는 신적 속성과 신적 능력을 부여받아 하나님의 대리자이자 우주의 통치자로서 살아가는 특권을 얻었다고 설명한다. 따라서 그리스도 안에서의 구속과 함께, 인간이 하나님의 형상대로 지음 받았다는 사실은 인간의 높은 자존감에 대한 확고한 신학적 토대를 제공한다.

마틴 로이드 존스(David Martyn Lloyd-Jones)는 사람의 고귀함 때문에 하나님의 형상 교리가 중요하다고 말한다. 그는 사람이 얼마나 훌륭한 존재인지 깨닫지 못하는 것이 현대 사회가 겪고 있는 가장 큰 비극 중 하나라고 강조하고 있다. 하나님의 형상대로 창조된 인간은 특별한 가치와 중요성을 지니며, 이는 모든 인간이 본질적인 존엄성을 갖고 태어났다는 신성한 증거가 된다. 이 신성함은 우리가 타인을 존중하고 사랑으로 대해야 하는 이유를 설명해 준다. 인간 생명의 신성함을 인식함으로써 우리는 더 깊은 이해와 배려로 다른 사람들을 대할 수 있다.

성경은 인간의 생명과 존엄성을 매우 중요하게 여긴다. 창세기 9:6에서 "다른 사람의 피를 흘리면 그 사람의 피도 흘릴 것이니 이는 하나님이 자기 형상대로 사람을 지으셨음이니라"라고 말씀하신다. 이는 살인을 단순한 범죄가 아니라 하나님의 형상을 파괴하는 중대한 행위로 간주하고 있음을 나타낸다. 또한, 야고보서 3장 8-9절은 혀의 사용에 대해 경각심을 일깨우며, "혀는 능히 길들일 사람이 없나니 쉬지 아니하는 악이요 죽이는 독이 가득한 것이라 이것으로 우리가 주 아버지를 찬송하고 또 이것으로 하나님의 형상대로 지음을 받은 사람을 저주하나니"라고 경고한다. 이 구절은 혀로 하는 말이 사람을 저주하거나 해치는 것이 하나님의 형상에 대한 모독임을 강조한다. 따라서, 성경은 타인의 생명과 존엄성을 존중하고, 악의적인 언행을 삼가며, 하나님이 지으신 형상으로서의 인간을 존중하는 것이 중요하다고 가르친다.

다시 말해, 하나님의 형상은 인간에게 있어 하나님을 닮은 어떤 부분을 뜻하며, 다른 피조물과의 차별을 나타낸다. 우리가 하나님의 형상으로 만들어졌다는 말은 근본적으로 하나님이 우리를 자신을 반영하는 존재로 만드셨다는 것을 의미한다. 하나님이 창조하신 사람은 신적 영광의 일부를 나타내는 일종의 반사체이다. 그러므로 인간은 하나님의 형상을 가진 위대한 존재다.

① 하나님의 형상이란?

그렇다면 실제로 하나님의 형상이란 무엇인가? 하나님의 형상에 대한 다양한 성서학자들의 견해를 세 가지 정도로 정리해 쓴다면 다음과 같다.

㉠ 다스리는 능력

창세기 1장 26절에는 하나님이 인간을 자신의 형상대로 창조하시고,

이어서 "땅에 있는 모든 것을 다스리게 하자"라고 말씀하신다. 하나님이 인간을 하나님의 형상대로 만드신 이유는, 하나님을 대리하여 이 땅의 모든 것을 다스리도록 하기 위함이다. 즉, 인간에게 주신 '다스리는 능력'이 곧 '하나님의 형상'을 의미한다.

또한 28절에서는 "생육하고 번성하라, 땅에 충만하라, 땅을 정복하라, 그리고 땅에 있는 모든 것을 다스리라"라고 하신다. 아브라함 카이퍼(Abraham Kuyper)는 이를 '문화 사명'이라고 불렀다. 하나님의 형상이라는 말은 원래 히브리어로 '첼렘'(tselem)이라 하는데, 이 단어는 외부 세계를 향해 누구를 대리하는 의미를 지니고 있다.

예를 들어, 이집트와 메소포타미아 지역의 고대 근동에서는 왕이 거대한 제국을 혼자서 다스리기 어려웠다. 그래서 왕은 각 지역에 동상을 세워 왕을 대신하게 했고, 그 동상은 왕을 대리하여 지역을 통치하고 다스리는 의미를 갖고 있었다.

이처럼 인간이 하나님의 형상으로 지음 받았다는 것은 인간이 하나님의 대리자라는 의미가 핵심에 놓여 있다. 따라서 인간은 땅 위에 세워진 하나님의 주권의 표지이자, 하나님의 영광과 통치의 통로이다. 인간은 하나님의 영광을 드러내기 위해, 하나님을 대신하여 식물과 동물을 포함한 모든 창조세계를 하나님처럼 다스려야 한다.

문제는 인간이 하나님의 뜻대로 다스리느냐, 그렇지 않느냐는 것이다. 인간이 타락하게 됨으로 인해서 땅의 모든 것을 하나님의 뜻대로 다스리기보다는 인간의 이기심과 교만으로 다스리게 되었다.

ⓛ 관계적 존재

마틴 부버(Martin Buber)는 그의 책 『나와 너』에서 "태초에 관계가 있었다"라고 썼다. 인간은 창조주와의 올바른 관계 안에서 비로소 참된 자기 모습을 발견하고, 삶의 의미와 존재 가치를 찾을 수 있다.

칼 바르트(Karl Barth)는 하나님의 형상 개념을 관계성으로 해석하였다. 성경에 계시된 하나님은 고독하게 홀로 계시는 분이 아니라, 영원부터 아버지와 아들, 성령 사이에 영화로운 교제 속에 계신 삼위일체 하나님이시다. 이는 삼위 사이의 영원한 교통을 의미한다고 할 수 있다.

| 창세기 1:27 | 하나님이 자기 형상 곧 하나님의 형상대로 사람을 창조하시되 남자와 여자를 창조하시고 |
| 창세기 2:18 | 여호와 하나님이 이르시되 사람이 혼자 사는 것이 좋지 아니하니 내가 그를 위하여 돕는 배필을 지으리라 하시니라 |

하나님은 사람과 특별한 관계를 맺기 원하셨고, 사람들끼리도 관계 속에서 살아가기를 원하셨다. 즉, 인간은 하나님과, 인간 상호 간, 그리고 자연과의 관계 속에서 살아야 할 존재로 창조되었다.

이 관점에서 볼 때, 사람들이 가장 큰 행복을 느끼는 순간은 언제일까? 연인과 사랑을 나눌 때, 좋아하는 사람과 함께 운동할 때, 마음이 맞는 사람들과 함께 대화할 때, 친밀한 사람들과 맛있는 음식을 함께 먹을 때, 이럴 때 큰 행복을 느낀다. 행복의 중요한 비결 중 하나는 가족이나 친구 등 중요한 사람들과 좋은 인간관계를 유지하는 것이다.

서울대 최인철 교수는 이렇게 말했다. "인생에서 가장 중요한 것은 '어디서'의 문제가 아니라 '누구와'의 문제다." 인간의 관계성은 하나님이 가지신 관계성, 즉 삼위일체 하나님 안에 있는 관계성의 반영이다. 자아상과 자존감은 모두 관계와 깊은 연관이 있다.

ⓒ 하나님과 소통할 수 있는 능력

에밀 브루너(Emil Brunner)는 소통할 수 있는 언어 능력을 하나님의 형상으로 보았다. 그는 하나님의 형상을 두 가지로 구분하였다. '내용적 하나님의 형상'과 '형식적 하나님의 형상'이다.

'내용적 하나님의 형상'은 하나님의 의와 거룩함을 의미하며, 이는 사람이 죄를 범함으로써 상실한 부분이다. 의와 거룩함이 하나님의 형상이라는 것은 고린도전서 1장 30절에 근거하고 있다. "예수 그리스도께서는 하나님으로부터 우리에게 와서 우리에게 의와 거룩이 되셨느니라." 예수 그리스도께서 이 땅에 오신 이유는 우리가 잃어버렸던 하나님의 형상을 회복하기 위함이다. 원래 창조 당시 인간에게 있었으나, 죄의 타락으로 인해 상실된 본질이 바로 의와 거룩이다. 이 의와 거룩이 하나님의 형상이라는 것이다.

'형식적 하나님의 형상'은 타락에도 불구하고 상실되지 않고 남아 있으며, 이는 우리가 하나님과 소통하고 이웃과 소통할 수 있는 인간의 언어 능력 또는 이성 능력이다.

송인규는 아담이 타락하여 하나님의 형상을 상실했지만, 그렇다고 타락의 순간에 인간의 본성을 완전히 잃어버려 동물과 같은 존재로 전락한 것은 아니었다고 주장한다. 비록 아담이 의와 거룩함을 잃었지만, 여전히 종교성, 영성, 지성, 도덕성, 창의성을 지니고 있었다고 설명한다.

래리 클랩(Larry Crabb)도 인간을 '타락한 형상 보유자'로 표현하였다. 칼뱅(John Calvin) 역시 죄가 비록 하나님의 형상을 기형적으로 만들고 왜곡시키긴 하였으나, '타락한 인간은 여전히 하나님의 형상의 소유자로 간주되어야 한다'고 말한다. 그러므로 우리는 자기 자신뿐만 아니라 모든 사람이 하나님의 형상을 보유하고 있다는 사실로 인해 모든 사람을 소중하게 여겨야 한다. 이것이 중요하다.

(2) 하나님의 형상 회복

아담의 타락으로 인해 인간은 하나님의 형상을 잃어버렸다. 그 결과 인간은 자아 상실을 겪었고, 이는 인간성의 황폐화를 가져왔다(로마서 1:18-32). 우리의 지성도, 감성도, 의지도 오염되었다.

그럼에도 불구하고 하나님은 인간을 사랑하셔 독생자를 이 땅에 보내어, 믿는 자들에게 구원을 주시고, 하나님의 형상이신 그리스도 예수를 통해 잃어버린 형상을 다시 회복하게 하셨다. 하나님의 형상의 회복은 '하나님에 대한 인간의 관계' 회복을 의미하며, 이는 삶의 전 영역에서 일어나는 회복을 포함한다.

골로새서 3:9-10 너희가 거짓말을 하지 말라 옛사람과 그 행위를 벗어 버리고 새사람을 입었으니 이는 자기를 창조하신 이의 형상을 따라 지식에까지 새롭게 하심을 입은 자니라

하나님의 형상대로 창조된 인간은 죄를 범함으로 하나님의 형상을 잃었지만, 예수 그리스도의 구속을 통해 회복의 길이 열렸다. 하나님은 누구든지 예수를 믿을 때 하나님의 형상이 회복된다고 약속하셨다.

사람이 자신의 정체성을 확립하고 이를 긍정적으로 인식하는 것은 자존감을 건강하게 유지하는 데 필수적이다. 특히 그리스도인의 정체성은 하나님과의 관계를 통해 정의된다. 우리 그리스도인의 정체성은 무엇이라고 성경은 말씀하는가?

성경은 그리스도인이 하나님께서 창조하시고 사랑하시는 존재임을 강조한다. 예를 들어, 에베소서 2장 10절에서는 "우리는 그의 작품이요,

그리스도 예수 안에서 선한 일을 위하여 지으심을 받은 자"라고 말하며, 하나님께서 각 사람을 특별한 목적과 계획으로 창조하셨음을 강조한다.

(3) 그리스도인의 신분

'그리스도 안에서 당신은 누구인가?'라는 질문은 당신의 믿음과 그리스도인으로서의 행동에 절대적인 기준이 된다. 이는 자존감에도 큰 영향을 미친다.

닐 앤더슨(Neil T. Anderson)은 『내가 누구인지 이제 알았습니다』라는 책에서 "당신의 행동에 따라 신분이 결정되는 것이 아니라, 당신의 신분에 따라 당신의 행동이 달라지는 것이다."라고 말한다. 이는 자기자신을 어떤 사람으로 인식하느냐에 따라 행동이 달라진다는 의미이다. 만일 당신이 자신을 불량배로 생각한다면, 정말 불량배처럼 살게 될 것이다. 자신을 죄인이라고 생각한다면, 죄인처럼 행동하고 죄를 지을 가능성이 높다. "나는 무슨 일을 해도 안 된다"라고 믿고 있다면, 삶은 그렇게 흘러갈 것이다. 그러나 자신을 영적 생명을 가진 하나님의 자녀로 생각한다면, 하나님의 자녀답게 살게 될 것이다. "나는 의인이다"라고 생각한다면, 의인답게 살게 될 것이다.

자신이 누구인지 이해하는 것은 신앙생활에 중요한 영향을 미친다. 자신에 대한 인식과 정체성은 우리의 행동과 태도에 직접적으로 영향을 미치기 때문이다. 자신을 올바로 이해하고 인식하는 것은 신앙의 깊이와 삶의 방향을 결정짓는 데 중요한 기반이 된다.

성경에는 성도의 정체성을 가리키는 다양한 표현들이 나온다. 우리는 왕 같은 제사장, 성도, 하나님의 자녀라고 불린다.

① 왕 같은 제사장들

베드로전서 2:9   그러나 너희는 택하신 족속이요 왕 같은 제사장들이요 거룩한 나라요 그의 소유가 된 백성이니

그리스도를 믿는 믿음으로 인해 하나님께서는 죄인인 우리를 '택하신 족속', '왕 같은 제사장', '거룩한 나라', '그의 소유된 백성'으로 삼으셨다. 즉, 우리의 신분이 변한 것이다. '왕 같은 제사장'이란 '왕으로서 하나님을 섬기는 제사장직' 또는 '왕의 존귀를 부여받은 제사장직'을 의미한다. 왕이면서 동시에 제사장의 직분을 가진 이러한 존귀한 모습은 그리스도의 전형적인 모습이며, 아브라함을 축복했던 살렘의 왕이자 제사장 역할을 감당했던 멜기세덱(창세기 14:17-20)에게서도 발견할 수 있다. 이러한 영예를 이제는 성도들도 누리게 되었다.

② 성도

고린도전서 1:2   고린도에 있는 하나님의 교회 곧 그리스도 예수 안에서 거룩하여지고 성도라 부르심을 받은 자들과 또 각처에서 우리의 주 곧 그들과 우리의 주 되신 예수 그리스도의 이름을 부르는 모든 자들에게

이 구절에서 바울은 교회를 두 가지로 정의하고 있다. '교회'로 번역

된 헬라어 '에클레시아(ekklesia)'는 '불러낸 사람들'이라는 의미를 지닌다. 또한, '고린도에 있는 하나님의 교회 곧'이라는 문장에서 '곧'이라는 단어는 앞서 언급한 내용을 다시 받아 이를 구체적으로 설명하는 역할을 한다. 다시 말해, 하나님의 교회는 첫째, 그리스도 예수 안에서 거룩하여지고 성도로 부르심을 받은 자들이고, 둘째, 예수 그리스도의 이름을 부르는 모든 자들이다.

여기서 공통점은 모두 복수로 쓰였다는 점이다. 이를 통해 교회는 단순한 건물이 아니라, 믿는 사람들을 가리킨다는 것을 알 수 있다. 즉, 예수 그리스도를 믿는 믿음으로 하나님께 특별한 기쁨이 되기 위해, 그리고 그분께 쓰임받기 위해 따로 구별된 하나님의 백성을 뜻한다.

③ 하나님의 자녀

우리가 예수님을 믿는 순간, 하나님은 우리의 아버지가 되시고, 우리는 하나님의 자녀가 된다. 이것이 우리의 영적 신분의 기초이다.

요한복음 1:12 　 영접하는 자 곧 그 이름을 믿는 자들에게는 하나님의 자녀가 되는 권세를 주셨으니

요한일서 3:1 　 보라 아버지께서 어떠한 사랑을 우리에게 베푸사 하나님의 자녀라 일컬음을 받게 하셨는가, 우리가 그러하도다 그러므로 세상이 우리를 알지 못함은 그를 알지 못함이라

하나님의 자녀라는 신분은 우리의 삶을 하나님의 자녀답게 살아가게 한다. 우리가 믿는 하나님이 왕이시라면 우리는 왕의 자녀들이다. 이러한 엄청난 신분이 그리스도 안에 있으면 자동으로 주어진다는 사실에 감사하지 않을 수 없다. 우리가 왕의 자녀라면 왕의 자녀답게 당당하게 살아야 한다. 비굴하게 살지 말아야 한다. 그런데 안타깝게도 많은 사람들이 왕의 자녀로서의 특권을 누리지도 못한 채 살아간다.

'닭이 된 독수리'의 예화이다. 어떤 사람이 독수리 알을 주워 자기 집 뒤뜰에 있는 닭장에 가져다 놓았다. 독수리 알은 병아리와 함께 부화되어 자랐다. 어린 독수리는 어미닭을 쫓아다니며 스스로를 닭이라고 생각했다. 독수리는 병아리들이 하는 대로 땅바닥을 발로 긁고 벌레를 부리로 콕콕 찍어 잡아먹었다. 독수리의 날개는 푸드덕 서너 번 날갯짓을 할 뿐, 제대로 날지 못했다. 독수리는 점점 닭처럼 되어갔다.

세월이 흐르고, 어느 날 늙어버린 독수리는 문득 하늘을 쳐다보았다. 하늘을 나는 한 마리 새를 발견한 것이다. 그 새는 날개를 여유 있게 펄럭이며 세찬 바람 속을 유유히 날아갔다. 독수리는 당당한 새의 모습에 부러움과 경외심을 느끼며 옆에서 모이를 쪼고 있던 닭에게 그 새가 무슨 새인지 물었다.

"저분은 새들의 왕이신 독수리님이야!"

"야! 나도 저렇게 날아봤으면…"

그러자 닭이 비웃으며 말했다.

"엉뚱한 생각 말아, 너와 난 그분과는 다른 신분이야."

늙은 독수리는 큰 날개를 접으며 생각했다.

"맞아, 나는 닭일 뿐이야."

끝까지 닭이라고 생각한 독수리는 평생 모이만 쪼다가 죽었다고 한다. 자신의 신분과 정체성을 알지 못하고 살아간 독수리의 슬픈 이야기이다. 오늘날에도 많은 그리스도인들이 자신이 독수리임에도 불구하고 이를 모르고 닭처럼 살아가고 있다. 다시 한번 묻겠다. 신분이 행동을 결정하는가, 행동이 신분을 결정하는가? 신분이 행동을 결정한다. 우리는 왕족이라는 자부심과 긍지를 가져야 한다. 비록 우리의 세상적인 신분이 낮을지라도, 그리스도 안에 있을 때 우리의 가치는 줄어들지 않는다.

사람은 하나님의 형상대로 창조되었다. 하나님을 닮은 부분이 있으며, 다른 피조물과 구별되었다. 우리는 왕 같은 제사장이며, 성도이고 하나님의 자녀이다. 우리는 엄청난 존재들이다. 이러한 정체성에 대한 확신은 우리의 자존감을 높여준다.

그리고 사람은 하나님의 형상대로 지음을 받았기 때문에 인종차별, 남녀차별은 곧 하나님의 형상을 파괴하는 행위가 된다. 당신을 포함하여 모든 사람은 하나님께서 그분의 형상대로 만드셨기 때문에 훌륭하고, 그것으로 충분하다. 하나님은 당신이 그분을 닮았기 때문에 당신을 소중히 여기신다. 그리고 당신은 하나님의 형상을 지닌 자의 역할을 감당할 때만 만족을 누릴 것이다. 그러니 당신도 당신 자신을 소중히 여기라. 그러면 다른 사람도 소중히 여기게 될 것이다.

3) 소속감

자신의 존재감을 평가하기 위해 '나는 사회적으로 얼마나 쓸모 있는 사람인가?'를 물어볼 수 있다. 자신이 사회와 공동체에 필요한 존재라고 믿는 사람은 자존감이 높아질 것이다. 그러나 공동체 안에서 자신이 있든 없든 별 차이가 없는 투명인간처럼 느껴진다면, 소속감이 약해지며 자존감도 낮아질 것이다. '내가 없으면 큰일 나는 사람, 도저히 대체할 수 없는 사람, 반드시 필요한 사람'이라고 스스로 느끼거나, 주변 사람들로부터 그런 말을 들어온 사람이라면 그 사람은 자존감이 높을 것이다.

사람은 누구나 인정받고 싶어 하는 기본적인 욕구를 가지고 있는데, 소속감은 다른 사람에게 인정받을 때 느끼는 안정감이다. 소속감은 다른 사람들에게 사랑받을 때 공동체나 조직의 일원이 되었다는 느낌을 말한다. 이는 내가 있는 그대로 조건 없이 사랑받거나, 누군가가 나를 원하고, 용납하고, 돌보며, 즐기고, 사랑할 때 느낄 수 있다. 이처럼 자신이 속한 집단에서 인정받고 환영받는다는 느낌은 자존감을 높이는 중요한 요소이다. 소속감은 내가 있는 그대로 조건 없이 사랑받을 때 더욱 강하게 느껴질 수 있다.

자녀에게 소속감을 심어주는 첫 번째 장소는 바로 가정이다. 가정은 무조건적인 인정을 받고 배우며 실천할 수 있는 중요한 영역이다. 가정에서는 자신의 약점이나 부족함에도 불구하고 있는 그대로 받아들여진다. 이로 인해 자녀들은 소속감을 느끼게 되며, 이러한 가정이 '행복한 가정'이 된다. 자녀의 소속감은 행복한 가정과 좋은 부부 관계에서 비롯된다.

그러나 많은 부모들은 아이들을 무조건 사랑해 주기보다는, 아이가 자신의 기대에 도달했을 때만 칭찬을 한다. 이러한 조건부적인 사랑은 아이에게 부모의 기대를 항상 만족시켜야 한다는 압박감을 준다. 조건적인 사랑을 받은 아이는 자신뿐만 아니라 다른 사람에게도 기대를 강요하게 되며, 이는 자신감을 잃게 하는 요인이 된다.

데이빗 A. 씨맨즈가 쓴 『어린아이의 일을 버리라』에는 미국의 브래드 목사의 고백이 소개되어 있다. 그는 겉으로 보기에는 성공적인 목사였지만, 내면적으로는 영성의 굴곡이 심한 사람이었다. 그는 자신감과 정죄감, 죄책감과 우울 사이를 왔다 갔다 하며 심리적 충돌을 겪었다. 어느 날 성령님께서 그에게 갑작스러운 통찰을 주셨다. 그는 자신의 삶이 하나님과 다른 사람들에 대한 사랑으로 지배되고 있지 않음을 깨달았다. 대신, 49년 동안 부모님이 심어준 어린 시절의 '모토(Motto, 좌우명)'가 그의 삶을 이끌어왔음을 알게 되었다. 그 모토는 바로 "좀 더 잘해봐!"였다. 그는 부모님의 말을 곡해하여 '우린 너를 사랑한다. 그러나 네가 좀 더 잘할 수 있다면 더 사랑할 수 있을 거야!'로 받아들였다.

안타까운 것은 이러한 모습이 오늘날 많은 부모의 모습에서도 쉽게 발견된다는 것이다. 아이들이 부모가 원하는 최고의 수준에 이르기까지 모든 사랑과 애정을 유보한다면, 자녀들은 어떤 일을 해도 만족함을 느끼지 못할 뿐만 아니라 자신의 노력을 과소평가하게 된다. 만약 친구가 칭찬을 하더라도 그는 이에 대해 불만을 가지며 칭찬을 거부하려 할 것이다. 현재 이룬 성취도 훌륭한데도 항상 만족하지 못하고 살아간다. 그 원인은 어린 시절의 '모토' 때문이다. '더 잘해봐'라는 조건부 사랑은 하나님의 사랑과는 거리가 멀다.

물론 도전과 자극이 되어 하던 일을 더 잘하게 되는 계기가 될 수도 있다. 그러나 이것이 압박감으로 작용하면 긍정적인 영향보다 부정적인 영향이 더 강해진다. 자신의 가치가 훌륭한 업적에 따라 좌우된다는 생각이 들면 결국 자신에 대해 좋은 감정을 가지기 어려워지고, 이는 자존 감이 낮아지는 결과를 초래하게 된다.

아이들에게 자신감을 주기 위해서는 그들이 잘할 수 있는 것들을 개발하도록 도와주는 것이 중요하다. 또한, 사람들 앞에서 진심으로 칭찬하고 인정해 줄 때 자녀의 자존감은 높아질 것이다.

조건적인 사랑은 우리의 본능적인 사랑에 대한 갈증을 해소해 주지 못하며, 우리의 소속감이 충분히 자라지 않게 한다. '~ 때문에 난 널 사랑한다.'는 조건적인 사랑은 부작용을 초래한다. 이러한 조건적인 사랑은 자녀로 하여금 무의식 중에 '내가 더 이상 ~ 하지 않으면 어떻게 될까?'라는 생각을 하게 하고, 그로 인해 두려움을 느끼게 한다. 어떤 부모들은 자신이 이루지 못한 것을 자녀에게 강요하여, 자신의 목적을 자녀를 통해 이루려 한다.

자녀는 부모로부터 조건부 사랑을 받을 때 자존감이 낮아지고, 무조건적인 사랑을 받을 때 자존감이 높아진다. 많은 경우, 우리는 우리의 존재보다 행동 때문에 사랑을 받는다. 이처럼 인간의 사랑은 제한적이고, 이기적이며, 조건적이다.

부부 또한 서로 인정받고 싶어 하는 욕구가 있으며, 이로 인해 소속감이 필요하다. 그러나 남자와 여자는 표현 방법이 서로 다르기 때문에 갈등이 발생할 수 있다. 각자의 기대와 요구를 이해하고 존중하며, 효과적으로 소통하는 것이 중요하다.

윤홍균은 그의 책 『자존감 수업』에서 부부의 이런 문제를 상담사례를 통해 소개하고 있다.

부부 생활에서 만족도가 떨어지는 남편들은 대부분 자존감이 저하되어 있다. 이들은 아내가 자신을 무시한다고 느끼며, 쓸모 있는 존재로 인정받고 싶어 하지만, 그 욕구가 반복해서 좌절되기 때문이다. 이해할 수 없는 것도 아니다. 어떤 문제가 생길 때마다 남편은 해결책을 제시하려고 애쓴다. 직장 문제나 시댁 갈등으로 고민하는 아내에게 명쾌한 조언으로 문제를 해결해주고 싶어 한다. 하지만 아내의 반응이 시큰둥할 때마다 남편은 자존감에 상처를 입는다. 남편이 원하는 것은 단 하나, '아내가 자신을 쓸모 있는 존재로 생각해 주는 것'이다. 이것이 남편의 자존감이다.

반면, 아내의 자존감은 공감에 달려 있다. 남편이 자신의 감정을 공유한다고 느낄 때 부부의 만족도는 높아진다. 부부 치료는 서로가 서로에게 얼마나 소중한 존재인지를 깨닫는 과정이다. 성숙한 부부들은 배우자의 자존감을 지키는 일이 곧 나의 자존감을 지키는 것이라는 것을 알고 있다. 그래서 상대방의 자존감을 지키기 위해 노력한다. 같은 배를 탄 운명 공동체이기 때문에 상대방이 죽으면 나도 죽는다는 것을 알고 있다.

하나님의 사랑은 무조건적인 사랑과 무조건적인 인정이다. 성경은 하나님이 우리를 얼마나 사랑하시는지에 대한 이야기로 가득 차 있다.

요한복음 15:9	아버지께서 나를 사랑하신 것 같이 나도 너희를 사랑하였으니 나의 사랑 안에 거하라
로마서 5:8	우리가 아직 죄인 되었을 때에 그리스도께서 우리를 위하여 죽으심으로 하나님께서 우리에 대한 자기의 사랑을 확증하셨느니라.
요한복음 3:16	하나님이 세상을 이처럼 사랑하사 독생자를 주셨으니 이는 그를 믿는 자마다 멸망하지 않고 영생을 얻게 하려 하심이라

하나님께서는 우리를 무조건 사랑하실 뿐만 아니라, 있는 그대로의 우리를 인정하신다. 우리가 하나님께 인정받기 위해 반드시 무엇인가를 이루어야만 한다는 말씀은 성경에 없다. 우리는 마귀의 유혹과 죄로 인해 날마다 비참한 삶을 살고 있었다. 이러한 우리를 위해 예수 그리스

도께서는 우리를 대신해 십자가에 죽으시고 부활하심으로 마귀를 굴복시키셨다. 그로 인해 우리의 모든 죄를 해결해 주셨고, 우리를 그리스도 안에서 하나님의 자녀로 대우해 주실 뿐만 아니라, 엄청난 가치를 부여해 주셨다. 하나님은 우리를 이처럼 사랑하신다.

톨스토이는 '사람은 무엇으로 사는가?'라는 제목의 단편집을 쓰면서 그 답을 '사람은 사랑으로 산다'라고 했다. 그렇다. 사람은 사랑으로 산다. 왜냐하면 하나님이 곧 사랑이시기 때문이다(요한일서 4:8). 물고기는 물이 없으면 살 수 없고, 나무는 흙이 없으면 살 수 없다. 마찬가지로 사람은 하나님 없이는 살 수 없는데, 그 하나님이 바로 사랑이라고 하신다. 그래서 사람은 사랑을 받지 못하면 사람답게 살 수 없다. 그러므로 사람은 사랑받아야 한다. 사랑을 받아야 사랑을 나눌 수 있다. 그러나 사랑받지 못하고 자라면 본인뿐만 아니라 타인에게도 피해를 주며 살게 된다.

사람은 자신의 행동을 있는 그대로 수용받고 격려받으면 살맛이 난다. 사랑을 받고 사랑을 주듯, 인정도 받아야 비로소 다른 사람에게 인정과 사랑을 베풀 수 있다.

자녀의 생활에 있어서 가장 강력한 영향은 부모의 인정이다. 자녀는 어떻게 해서든 부모를 기쁘게 하고 싶어 하며, 부모가 자신을 인정해 주기를 바란다. 어릴 적 부모에게 사랑과 인정을 받고 자라게 되면, 기본적인 인간으로서의 심성이 형성된다.

만약 부모님이나 친구, 혹은 다른 사람들로부터 인정받지 못했다면, 여기에 복음이 있다. 하나님은 당신을 사랑하신다. 하나님은 당신을 인정하신다. 그리고 당신이 소중한 존재라고 말씀하신다.

하나님께서 이미 우리를 인정하셨다는 것을 깨달았다면, 이제는 우리의 차례이다. 우리는 우리 자신을 바라보며 물어야 한다. "나는 내 자신을 인정할 수 있는가?"

우리가 예수님을 믿는 순간, 우리는 하나님의 자녀가 된다. 우리가 하나님 아버지와 그의 가족에 속해 있으며 하나님의 인정과 사랑을 받는다는 것을 아는 것은 우리의 소속감을 확립하는 데 매우 중요하다. 성경에서는 우리가 어디에 소속되어 있는지 근거를 제시하신다.

성경에는 예수님을 믿는 사람을 '그리스도 안에' 있는 사람이라고 한다. 성경 에베소서 1장에는 그리스도 안에 사는 사람들이 누리는 신령한 복이 얼마나 큰지 설명하고 있다.

바울 서신에는 '그리스도 안에'라는 말이 여러 번 반복된다. '그리스도 안에' 라는 말은 '그리스도께 소속되었다'는 뜻으로 '그리스도와 연합하였다'는 것을 의미한다. 포도나무 비유에서 가지가 포도나무에 접붙임을 받아 생명으로 연결되는 것처럼 예수님께 속했다는 뜻이다.

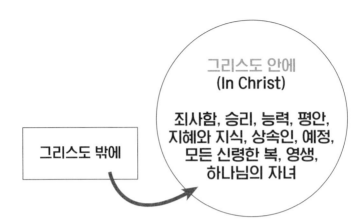

그리스도 안에서라는 말은 신약에 많이 등장하는데 요한서신과 공동 서신뿐만 아니라 바울 서신서에도 대단히 많이 등장한다. 그래서 신학 자들은 사도바울의 신학의 핵심주제를 '그리스도 안에서'라고 주장한 다. 바울이 쓴 서신서에 '그리스도 안에'라는 표현이 무려 164번이나 된 다. 신약성경은 그리스도 안에 있는 자들이 누리는 특권을 다음과 같이 설명하고 있다.

① 그리스도 예수 안에서 하나님의 아들이 되었으니(갈라디아서 3:26)
② 그리스도 안에서 하늘에 속한 모든 신령한 복을 우리에게 주시되 (에베소서 1:3)
③ 창세 전에 그리스도 안에서 우리를 택하사(에베소서 1:4)
④ 그리스도 안에서 속량 곧 죄 사함을 받았느니라(에베소서 1:7)
⑤ 그 안에서 기업이 되었으니(에베소서 1:11)
⑥ 그 안에서 또한 믿어 약속의 성령으로 인치심을 받았으니(에베소서

1:13)

⑦ 그 안에는 지혜와 지식의 모든 보화가 감추어져 있느니라(골로새서 2:3)

⑧ 그리스도 안에서 이기게 하시고(고린도후서 2:14)

⑨ 그가 내 안에, 내가 그 안에 거하면 사람이 열매를 많이 맺나니(요한
복음 15:5)

⑩ 내 안에서 평안을 누리게 하려 함이라(요한복음 16:33)

⑪ 내게 능력 주시는 자 안에서 내가 모든 것을 할 수 있느니라(빌립보
서 4:13)

⑫ 그리스도 예수 안에서 너희 모든 쓸 것을 채우시리라(빌립보서 4:19)

⑬ 그리스도 예수 안에 있는 하나님의 사랑에서 끊을 수 없으리라(로
마서 8:39)

⑭ 누구든지 그리스도 안에 있으면 새로운 피조물이라(고린도후서 5:17)

⑮ 그리스도 예수 안에 있는 자에게는 결코 정죄함이 없나니(로마서 8:1)

바울은 사람이 그리스도 안에 있는 것이 얼마나 큰 축복이며 신령한
복인지를 여러 곳에서 설명했다. 만일 여러분이 지금 그리스도 안에 있
다면, 여러분은 행복한 사람들이다. 그리스도 안에 있는 모든 사람들은
이와 같이 약속된 모든 것을 마음껏 누릴 수 있다.

그리스도 안에 소속되어 있을 때, 모든 신령한 복이 있다고 하셨다. 그
리스도 안에 들어가는 비결은, 하나님께서 인류 구원을 위해 사랑하는
독생자 예수님을 보내주셔서 우리 죄를 대신해 십자가에 못 박히신 것
을 믿는 것이다. 그리스도인이 가진 특권은 이처럼 엄청난 것이지만, 이

사실을 모르는 성도들도 매우 많다.

어느 영국인이 대서양을 건너 뉴욕으로 가는 여객선을 타고 미국으로 향하게 되었다. 그런데 그에게는 식사 시간이 되면 한 가지 걱정거리가 생겼다. 다른 사람들은 식당에 들어가 맛있는 음식을 먹는 반면, 그는 가진 돈이 없어서 음식을 사 먹을 수 없었다. 그래서 그는 슬그머니 갑판으로 나와 싸 가지고 온 비스킷과 치즈를 먹곤 했다.

이렇게 며칠이 지나자, 더 이상 견딜 수 없을 정도로 허기가 지기 시작했다. 결국 주방장에게 찾아가 주방에서 일하겠으니 음식을 먹게 해 달라고 요청했다. 그러자 주방장이 말하기를, "당신이 이 배를 탈 때 낸 승선비에는 이미 식사 비용이 모두 포함되어 있습니다. 마음 놓고 가서 드십시오."

그렇다. 모든 복이 예수 그리스도 안에 있기 때문에 우리가 일단 그리스도 안에 들어오기만 하면 그 안에 있는 모든 복을 누릴 수 있다. 이처럼 '내가 그리스도 안에 있다'는 확신은 우리의 소속감을 한층 더 높여 줄 뿐만 아니라, 자존감을 높이는 데 중요한 역할을 한다.

4) 자신감

나는 탁구를 좋아한다. 부지런히 연습한 덕분에 실력이 많이 향상되었고, 이제는 어느 정도 자신감도 생겼다. 더 나은 실력을 위해 탁구 동영상을 보고, 레슨을 받으며, 시합에 출전하는 등 꾸준히 노력하고 있다. 동료들의 칭찬 역시 자신감을 높이는 데 큰 도움이 되었다. 기억하라, '자존감이 높으면 자신감이 따라오고, 자신감이 넘치면 자존감도 높아진다'는 사실을.

자신감은 '나는 잘할 수 있다', '내게 맡겨진 일을 해낼 수 있다'는 확신이다. '자신감'은 '자기 신뢰감'의 준말로, 자신의 능력을 믿는 느낌을 뜻한다. 자신감은 어떤 일을 해낼 수 있다는 능력에 대한 믿음과, 사람들에게 자신의 능력을 보여줄 수 있다는 신뢰를 의미한다. 이는 자신의 일에 대한 자부심과 타인에게 능력을 인정받고 싶은 욕구와도 관련이 있다. 사람은 크고 작은 성공을 거듭할 때 자신감을 얻게 된다. 이런 자신감은 어릴 때부터 형성된다. 대개 아이의 성격이나 사고방식, 말하는 어투 등은 네 살 이전에 형성된다.

어린아이들이 자신감을 느끼는 데 있어 부모의 역할이 매우 중요하다. 아이들은 보통 미래를 향해 도전하는 정신이 강하지만, 많은 부모들이 새로운 분야를 시도하는 것을 허락하지 않는다. 이로 인해 아이들은 신뢰를 받지 못한다고 느끼며 자신감을 상실하게 된다. 두려움이 가득한 아이는 자신감을 잃기 쉽다. 따라서 자녀에게 자신감을 키워주려면, 먼저 자녀가 실패보다는 성공을 더 많이 경험할 수 있도록 도와주어야 한다. 쉬운 것부터, 잘하는 것부터 시작하는 것이 효과적이다.

자신감이 낮은 사람들은 잘못된 확신을 가지고 있다. "나는 안 돼요. 시도해 봤는데 되는 일이 하나도 없었어요. 나는 무능해요. 그리고 세상이 너무 험해요, 무서워요." 그들은 '무슨 일이든 잘 안 될 거야'라는 자기 믿음을 가지고 살아간다. 그러니 잘 될 리가 없다. 마음이 건강하려면 우선 있는 그대로의 나를 존중해야 하고(자존감), 그다음 자신의 능력에 대한 믿음(자신감)을 쌓아야 한다. 자존감이 뒷받침되지 않은 자신감이나 자존심은 타인의 언행에 쉽게 휘둘리기 때문에 쉽게 무너질 수 있다. 자존감이 낮을 때 우리는 자존심이나 자만심을 내세우게 되고, 자신감은 떨어지게 된다. 반면, 낙관적인 태도는 그에게 희망과 용기를 불어넣어 준다. 이는 그의 과거의 성공과 밀접한 관련이 있다. 자신감이 있는 사람은 희망적이다. 대개 자신감은 성취와 비례 관계에 있다.

이상에서 살펴본 자아상, 정체성, 소속감, 자신감들은 자존감에 큰 영향을 미치는 요소들이다.

> 자존감이 높으면 자신감이 따라오고 자신감이 넘치면 자존감도 높아진다.

4. 자존감의 어떻게 형성되는가?

　실패나 성공에 대한 다른 사람들의 평가는 자존감에 영향을 미친다. 긍정적인 평가는 자존감을 높여주고, 부정적인 평가는 자존감을 낮춘다. 아래 그림에 나와 있는 화살표 방향으로 경험이 반복될수록, 높은 자존감을 가진 사람은 더욱 긍정적인 방향으로, 낮은 자존감을 가진 사람은 더욱 부정적인 방향으로 나아갈 가능성이 크다. 이와 같이 성공의 순환과 실패의 순환은 반복된다.

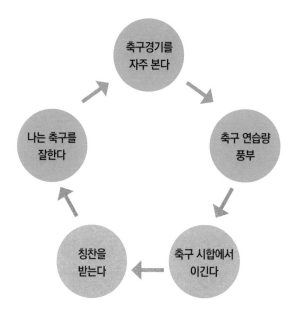

[그림] 높은 자존감의 예

반대로 낮은 자존감은 부정적인 사이클을 형성한다.

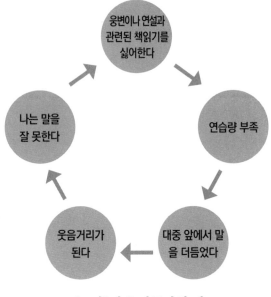

[그림] 낮은 자존감의 예

흔히 "실패는 성공의 어머니"라고 하지만, 이러한 관점에서 보면 성공은 성공을 낳고, 실패는 또 다른 실패를 초래할 수 있다. 이것이 자존감의 특징이다. 자존감은 일관성을 유지하려는 경향 때문에 쉽게 변하지 않는다. 그러므로 높은 자존감을 형성하는 것이 매우 중요하다.

이를 위해서는 무엇보다 자기 자신에 대한 긍정적인 믿음을 가지는 것이 대단히 중요하다. 인간의 행동은 행위자가 "어떤 사람이냐"라는 사실보다 "자신이 어떤 사람이라고 믿느냐"에 따라 달라진다. 결국, 믿음의 차이가 행동의 차이를 만들어낸다. 자존감은 하루아침에 형성되지 않는다. 자존감은 어린 시절부터 서서히 형성된다. 자존감은 성장 과정 동안 주위 사람들이 어떻게 대했는지, 어떤 말을 자주 해주었는지, 그리고 어떤 경험을 했는지에 따라 결정된다.

좋은 자존감은 우리와 어린 시절에 중요한 역할을 담당했던 사람들과의 긍정적인 관계 속에서 형성된다. 자존감은 가장 가까운 사람, 특히 부모의 영향이 가장 크다. 그 외에도 친구나 선생님 등이 자존감의 형성에 영향을 미친다. 그보다 더 결정적인 영향은 인간을 창조하신 하나님의 절대적인 영향이다.

1) 부모의 영향

인간은 태어날 때부터 죽을 때까지 외부 환경의 영향을 받으며 살아가는 존재이다. 가장 기본적인 환경은 가정이다. 우리는 가족의 구성원으로서 가정의 분위기와 경제적 여건 등의 영향을 받으며 자란다. 시간이 지나면서 가정에서 사회로 관계의 폭이 넓어지면서, 더 많은 외부 환경의 영향을 받게 된다.

정정숙은 그의 책 『내 아이의 미래를 결정하는 가정원칙』에서 자존감 형성에 가장 큰 영향을 미치는 사람은 부모이며, 부모가 기여하는 비율을 67%라고 언급한다. 아기는 15개월에서 18개월쯤 되면 주변 대상들과 상호작용하며 자신을 객관적으로 인식할 수 있는 시각이 생기고, 거울에 비친 자신을 자기 자신으로 알아본다. 그래서 기본적인 자존감은 부모와 자녀의 상호작용 속에서 인생 초기에 학습된다. 어린이는 부모가 자신을 어떻게 보고 말하는지에 따라 자신을 바라보며, 부모의 말을 그대로 받아들여 자기를 규정한다. 부모가 아이를 착하고 똑똑하다고 하면, 아이는 자신을 그렇게 인식할 것이고, 아버지가 아이를 바보라고 하면, 아이는 스스로를 바보로 인식할 가능성이 크다. 자존감 형성에서 말의 영향은 매우 크다. 말에는 사람을 살리는 말과 죽이는 말이 있으며, 희망을 주는 말과 절망을 주는 말이 있다.

언젠가 나는 테니스 엘보로 인한 팔꿈치 통증 때문에 동네 병원을 찾은 적이 있다. 진찰을 하던 의사는 나에게 이렇게 말했다. "테니스 엘보는 낫기 힘들어요. 거의 낫지 않는다고 봐야 해요." 이 말을 들은 나는 다시는 그 병원을 찾지 않았다. 그런 말을 한 의사를 다시 찾을 이유가 없었기 때문이다. 적어도 의사라면 환자에게 소망을 주는 말을 해야 하지 않을까? 난치병 환자에게 "살아날 가능성이 희박합니다."라고 말하기보다는 "기적은 항상 있으니 희망을 가져봅시다."라고 한다면 얼마나 좋겠는가? 감사하게도 지금은 하나님의 은혜로 팔꿈치가 완전히 회복되었다. 그러나 그 의사의 말은 아직도 여운으로 남아 있다. 그때 그 의사의 말처럼, 부정적인 말은 상대의 자존감을 떨어뜨린다.

열등감과 낮은 자존감은 대체로 가정에서 비롯된다는 데 모두 의견이 일치한다. 부모가 자녀를 비난하고, 창피를 주며, 거부하고, 계속 꾸짖는 경우, 아이는 열등감과 낮은 자존감을 가지게 된다.

한 여성은 자신의 육체에 대한 심한 열등감을 가지고 있었다. 그 이유는 그녀가 십대였을 때 어머니가 자주 몸매가 균형 잡히지 않았다고 말했기 때문이었다. 당시의 기준으로 보았을 때 그녀는 매력적이었지만, 함께 일하는 다른 여성 직원들과 비교하면서 자신이 못생겼고 균형 잡히지 않았다고 늘 느꼈다. 그래서 "어떤 남자도 나를 좋아하지 않을 거야"라고 생각했다. 결국 그녀는 그 직장을 그만두게 되었다. 객관적으로 보면 누가 봐도 매력적이었지만, '나는 사랑받을 수 없어'라는 확고한 믿음을 가지고 있었던 것이다. 이 믿음은 바로 엄마의 말 한마디에서 비롯된 것이었다.

정동섭은 『자존감 세우기』에서 초등학생뿐만 아니라 중고등학생, 대학생이 부모에게서 자주 듣는 부정적인 말들을 종합해서 소개하고 있다.

- 넌 정말 구제불능이야.
- 너는 실패작이야. 도대체 기대할 게 하나라도 있어야지.
- 너는 집안의 골칫덩이야. 너만 없으면 속이 편하겠다.
- 난 너 같은 자식 둔 적이 없다.
- 이런 쓸모없는 녀석 같으니라고. 넌 왜 매일 그 모양이니? 옆집 아무개를 좀 봐라.
- 넌 자식이 아니라 원수다 원수!
- 그 옷은 네게 안 어울려. 너는 왜 그렇게 감각이 없니?
- 한 번만 더 반찬투정하면 다시는 밥 안 줄 거야.
- 꾸물대지 말고 빨리 일어나! 이 게으름뱅이야!
- 너는 제대로 하는 것이 뭐니?

- 네가 그랬지? 바른대로 말 못 해!
- 아이구, 징그러워. 어떻게 된 얘가 제대로 할 수 있는 게 하나도 없니?
- 너는 도대체가 어떻게 된 놈이냐?
- 내가 어쩌다 너를 낳아서 이 고생을 하는지 모르겠다.
- 어쩌면 너는 하는 짓이 그렇게 네 아버지(어머니)하고 똑같니?
- 아니, 이걸 성적이라고 받아왔냐? 도대체 네 머리엔 똥만 들었냐?
- 동생이 뭘 배우겠냐? 네가 그 모양인데.
- 씨는 못 속인다!
- 넌 어째 그렇게 바보 같니?
- 너는 왜 형(언니, 오빠, 누나, 동생) 같지를 못하니?
- 너 앞으로 어떻게 되려고 그러니? 생각하면 끔찍해.
- 하여간 너는 우리 집안의 인물이야.
- 너는 뱃속에 있을 때부터 까다로웠어.
- 어쩌자고 이런 자식을 낳았는지 원.
- 아휴 저 골칫덩어리.
- 저러니 친구가 하나도 없지.
- 생긴 것은 꼭 뭐같이 생겨가지고.

이런 말들은 자녀를 노엽게 만드는 말들이다. 가정에서 자녀들이 이러한 말을 반복적으로 듣고 자란다고 생각해 보자. 그런 말을 자주 듣고 자란 아이는 어떻게 될까? 부모가 자녀에게 반복적으로 하는 말에 따라 그 아이의 자존감이 높아지거나 낮아질 수 있다. 따라서 부모들은 자신들의 말이 자녀의 자존감 형성에 아주 큰 영향을 미친다는 것을 알아야 한다.

부모의 긍정적인 말이든 부정적인 말이든, "너는 그래"라는 말은 "나는 그래"로 자리 잡아 평생을 지배한다. 자녀는 부모로부터 들은 긍정적인 말이나 부정적인 이야기를 그대로 믿고 의심하지 않으며 액면 그대로 수용한다. 이로 인해 그 말은 평생 마음에 새겨지게 된다. 왜냐하면 믿음은 듣는 것에서 비롯되기 때문이다. 세상에 태어나 성장하는 과정에서 '예쁘다'는 말을 수없이 들은 여자는 자신이 '예쁜 사람'이라고 믿게 된다. 그리고 스스로도 그렇게 표현하는 것을 보게 된다.

대개 가정에서 들은 비난의 말들은 행동에 대한 비난이나 교정이 아니라 인격 자체에 대한 비난이 많다. 사람들은 자신의 행동에 대한 비난보다 자신의 인격 자체에 대한 비난에 훨씬 더 깊은 상처를 받는다. 인격 자체에 대한 혹평은 자존감을 크게 흔들어 놓으며, 이러한 혹평은 부정적인 자존감을 형성하는 자료가 된다. 긍정적인 말은 사람을 인격적으로 강화해 주는 반면, 부정적인 말은 사람의 인격을 위축시킨다. 아이들의 행복과 자존감은 부모의 말에 달려 있다. 부모의 말은 자녀의 자존감을 높일 수도 있고, 낮출 수도 있다는 점을 명심해야 한다.

2) 주변사람들의 영향

부모 다음으로 자존감 형성에 큰 영향을 미치는 대상은 선생님일 것이다. 교도소를 탈출해 한동안 세상을 떠들썩하게 했던 신창원은 어릴 적학교를 그만두고 1982년에 절도죄로 소년원에 들어갔다. 신창원의 친아버지는 주변의 권유에도 불구하고 아들을 그냥 내버려 두었다. 이는 아들이 소년원에서 새 사람이 되기를 바랐기 때문이다. 그러나 신창원은 오히려 이 사건으로 인해 본격적인 범죄 인생을 살게 된다.

신창원은 살인 사건에 연루되어 무기징역을 선고받아 교도소에 수감되었다. 그의 자서전 《신창원 907일의 고백》에는 다음과 같은 고백이 담겨 있다. "지금 나를 잡으려고 군대까지 동원하고 엄청난 돈을 쓰고 있지만, 나 같은 놈이 태어나지 않도록 할 방법이 있다. 내가 초등학교 때 선생님이 '너 착한 놈이다'라고 머리를 한 번만 쓰다듬어 주었더라면, 여기까지 오지 않았을 것이다. 5학년 때 선생님이 '이 ×놈의 × ×야, 돈도 안 가져왔는데 왜 학교에 오냐, 빨리 꺼져'라고 소리쳤을 때부터 마음속에 악마가 생겼다."

신창원을 지도했던 교사는 그의 자존감을 짓밟아 버렸고, 신창원의 인생이 이렇게 된 것이 전적으로 교사 때문이라고 할 수 없지만 신창원의 말대로라면 교사가 내뱉는 말이 얼마나 중요한지를 단적으로 알 수 있다.

『바보 빅터』라는 책이 있다. 이 책은 멘사 회장인 빅터 세리브리아코프에 관한 이야기다. 어린 시절, 빅터(Victor)는 IQ가 173이었지만, 학교 선생님의 실수로 73이라고 잘못 적힌 통지서를 받게 되었다. 천재임에도 불구하고 선생님의 실수로 인해 선생님과 친구들에게 바보 취급을 받았고, 빅터는 자신을 바보라고 생각하게 되었다. 그 결과, 그는 저능아처럼 살게 되었다.

17년이 흐른 후, 우연히 자신을 가르쳤던 선생님을 만나서 자신의 아이큐가 73이 아니라 173이라는 사실을 알게 되었다. 32세가 되었을 때, 빅터는 IQ 평가에서 160의 천재라는 사실이 드러났다. 상상할 수 있었겠는가? 그러나 그것은 사실이었다. 그 후 빅터는 천재처럼 행동하기 시작했다. 그는 책을 쓰고 많은 특허를 내며 성공적인 기업가가 되었다. 그 중 가장 중요한 사건은 그가 국제 멘사(Mensa) 협회의 회장이 된 것이다. 멘사 협회는 지능이 매우 높은 사람들의 모임으로, IQ 140 이하의 회원은 가입할 수 없으며, 인구 대비 상위 2%의 IQ 148 이상을 가진 사람만이 가입할 수 있다.

빅터의 문제는 생각과 자존감에 있었다. 자신을 저능아라고 생각할 때 그는 저능아의 이미지를 가지고 있었고, 그로 인해 저능아처럼 행동했다. 그러나 천재라는 새로운 정보를 접하면서 그의 생각과 자존감이 변화되었다. 그는 천재라는 이미지를 가지게 되었고, 그 순간 그의 엄청난 잠재력이 능력으로 나타나기 시작했다. 자신의 천재적 재능을 발견한 후, 그는 그 능력을 발휘하여 결국 멘사 회장이 되었다. 그는 선생님의 말을 듣고 그것을 그대로 믿어버렸다. 그 결과, 그 말이 그의 자존감이 되어버렸다. "믿음은 들음에서 난다"는 말처럼, 자신에 대해 이야기하는 사람들의 말을 들으면서 믿음이 생긴다.

좋은 교사를 만나 인생을 반전시키는 경우도 있다. 불행한 가정환경에서 자란 한 신학교수의 사례가 그렇다. 그의 어머니는 그가 아주 어렸을 때 가족을 떠났고, 그의 아버지는 군대에 있었기 때문에 그는 대부분 할머니와 함께 살았다. 학교에 입학한 후 몇 년은 매우 비참했고, 일찍이 문제아로 낙인찍혔다. 그는 그 낙인에 맞는 삶을 살았다. 그러던 중 새 학년이 되던 어느 해, 새로운 담임 선생님을 만났다. 아주 현명한 여자 선생님은 그의 이름을 부른 후 말했다. "얘야, 나는 너에 관한 모든 이야기를 들었어. 하지만 나는 그 말을 한마디도 믿지 않아!" 그때 비로소 그는 선생님에게 인정을 받았고, 이후 열심히 공부하여 결국 신학교수가 되었다. 그의 삶에서 전환점은 바로 그 어릴 때 만났던 여자 선생님의 인정 덕분이었다.

패션 디자이너로 유명했던 앙드레 김의 경우도 비슷하다. 초등학교 시절, 미술 선생님이 앙드레 김의 그림을 보고 "이 그림은 독창적이고 창의적이다"라고 극찬했다. 그 선생님의 칭찬 덕분에 앙드레 김은 예술가가 되겠다는 꿈을 꾸었고, 그 꿈이 이루어져 위대한 패션 디자이너가 되었다.

가정과 학교는 실패의 장소가 아니라 성공을 경험하는 장소가 되어야 한다. 따라서 가정과 학교는 자녀들이 성공을 많이 경험하고, 그들의 잠재능력을 최대한 개발하며, 자신이 소중한 인간임을 깨닫게 하고, 긍지와 자부심을 가지고 살아갈 수 있도록 도와야 한다.

교사뿐만 아니라 친구와 주변 사람들의 말도 자존감에 큰 영향을 미친다. 탈무드에는 낯선 사람의 백 마디 모략보다 친한 친구의 말 한마디가 더 큰 상처를 남긴다고 한다. 또한 우리 속담 중에는 "무심코 던진 돌에 개구리는 맞아 죽는다"는 표현이 있다. 이는 뜻 없이 던진 말 한마디가 깊은 상처를 줄 수 있다는 은유적 표현이다. 친구들이나 주변 사람들의 치명적인 말 한마디는 왜곡된 자존감을 형성하는 주범이 될 수 있다. 감수성이 예민한 어린이와 청소년들에게 던진 말 한마디가 평생 자신을 미워하며 살게 할 수 있다면, 그것은 큰 죄가 아닐 수 없다.

이해인 수녀의 시 "종이에 손을 베이고"는 우리가 말을 얼마나 조심해야 하는지를 잘 표현해주고 있다.

눈부시게 아름다운
흰 종이에
손을 베었다
종이가 나의 손을
살짝 스쳐간 것뿐인데도
피가 나다니
나는 이제
가벼운 종이도
조심조심
무겁게 다루어야지
다짐해 본다.
세상에 그 무엇도

실상 가벼운 것은 없다고

생각하고 또 생각하면서 …

내가 생각 없이 내뱉은

가벼운 말들이

남을 피 흘리게 한 일은 없었는지

반성하고 또 반성하면서 …

어린 시절에 부모, 친구, 교사, 또는 주변 사람들로부터 들은 긍정적이거나 부정적인 이야기는 자아 형성에 큰 영향을 미친다. 당신은 어린 시절에 부모나 친구, 교사, 또는 주변 사람들로부터 들은 긍정적인 이야기나 부정적인 이야기가 무엇이 있는가? 그리고 어떤 영향을 받았는가?

3) 사탄의 영향

사람이 낮은 자존감을 형성하는 데 한몫을 담당하는 존재가 바로 사탄이다. 사탄은 거짓말쟁이요(요한복음 8:44), 참소하는 자요(요한계시록 12:10), 그리고 우리의 마음을 혼미하게 만드는 자이다(고린도후서 4:4). 사탄은 우리 자신을 하나님의 관점으로 보는 눈을 흐리게 하고, 나쁜 해석을 하도록 유도한다. 얼마나 많은 그리스도인들이 사탄에게 미혹되어 자신을 가치 없는 자로 해석하고 있는가?

데이빗 A. 씨멘즈는 그의 책 《상한 마음의 치유》에서 사람의 낮은 자존감이 사탄의 심리적 무기라고 주장한다. 그는 이 무기가 치명적인 미사일의 효과를 지닌다고 설명했다. 사탄의 무기 중 가장 강력한 것들 중

일부는 심리적 무기이다. 두려움이 그중 하나이며, 의심도 여기에 포함된다. 분노, 악심, 걱정, 그리고 죄책감도 물론 여기에 해당된다. 사탄의 가장 무서운 심리적 무기는 열등감과 부족하게 느끼는 감정, 그리고 자신의 가치를 무시하는 감정들이다. 사탄은 믿는 사람들 속에 계속해서 열등감을 부추기고, 부족함을 느끼게 하며, 다른 사람들로부터 고립되게 만든다.

그뿐만 아니라 자신을 미워하게 만들고 각종 부정적인 말을 내뱉게 하며, '너는 누구에게도 사랑 받지 못할 것'이라고 속삭이고, 심지어 '차라리 죽으라'고 속삭인다. 사탄은 죄책감에 사로잡히게 하고, 높은 자존감보다 낮은 자존감을 형성하는데 지대한 영향을 미친다. 사탄에게서 선한 것은 찾아볼 수가 없다.

요한복음 10:10　　도적이 오는 것은 도적질하고 죽이고 멸망시키려는 것뿐이요

4) 하나님의 영향

자존감의 문제는 하나님과 깊은 관련이 있다. 왜냐하면 인간은 인간을 창조하신 하나님을 떠나서는 인생의 모든 문제에 대한 답을 찾을 수 없을 뿐만 아니라, 진정한 존재 가치를 느끼지 못하기 때문이다. 하나님을 믿는 믿음은 우리의 자존감에 큰 영향을 미친다.

자존감 관련 서적 중 단 한 권만을 추천해야 한다면, 나는 서슴지 않고 맥스 루케이도(Max Lucado)의 『너는 특별하단다』를 적극 추천하고 싶다. 미국 최고의 베스트셀러 작가이자, 최고의 크리스천 동화 작가인 그는 이 동화책에서 자존감이 떨어진 주인공 나무인형 펀치넬로가 어떻게 자존감을 회복하게 되는지 그 과정을 재미있게 설명하고 있다. 이 책은 어린이들뿐만 아니라 어른들에게도 중요한 교훈을 주는 희망의 책이다. 펀치넬로 이야기는 자존감을 세우는 데 있어서 하나님의 역할이 얼마나 중요한지를 일깨워주는 매우 훌륭한 동화책이다.

　웸믹이라고 불리는 '작은 나무 사람들'은 서로에게 금빛(★)이나 잿빛(●)을 붙이며 하루를 보낸다. 재주가 뛰어나거나 잘생긴 웸믹들은 항상 ★를 받았고 보잘것없는 웸믹들은 ●를 받았다. 나뭇결이 매끄럽고 색이 잘 칠해진 웸믹, 재주가 뛰어나고, 무거운 것을 번쩍 들어 올리고, 높은 상자를 훌쩍 뛰어남을 수 있는 웸믹들, 어려운 단어를 줄줄 외우고 아름다운 노래를 부르는 웸믹들은 앞 다투어 ★가 붙었다.

하지만 웸믹 중에는 나뭇결이 거칠고 칠이 벗겨지고 재주가 없는 이들도 있었다. 주인공 펀치넬로도 그중 하나였다. 그는 남들처럼 높이 뛰어보려고 애를 썼지만 늘 넘어지고 말았다. 그러면 다른 웸믹들이 달려들어 너도나도 ●를 붙였다. 넘어져 상처 나도 ●를 붙이고, 왜 넘어졌는지 설명하려면 말투가 우스꽝스럽다고 ●를 붙였다. 펀치넬로는 이제 밖에 나가기 싫어졌다. 왜냐하면 또 뭔가 실수해서 ●를 받을까 봐 두려워서다. 그래서 ●가 많이 붙은 아이들과만 어울렸다. 그는 생각하기를 "아무래도... 난 좋은 웸믹이 아닌가 보다"

그러던 어느 날 루시아라는 웸믹을 만났는데, 신기하게도 그녀의 몸에는 ★도, ●도 아무것도 없었다. 이유를 물어보니 그녀도 누군가가 자신에게 ●와 ★를 붙였지만 붙지 않았다고 한다. 그 비결을 묻자 우리를 만든 엘리아저씨를 찾아가면 된다고 알려준다.

그래서 펀치넬로는 언덕 위에 사는 나무 사람들을 만든 엘리 아저씨를 찾아갔다. 그리고 펀치넬로는 아저씨에게 자기가 ●를 많이 받은 것을 말씀드렸다. 그런데 엘리 아저씨는 그에게 이렇게 말했다. "얘야 나는 다른 웸믹들이 어떻게 생각하는지 상관하지 않는다." "정말요?" "물론이지, 너도 그럴 필요가 있단다. 누가 너에게 ★나 ●를 붙여주었지? 너와 똑같은 웸믹 나무사람들이야. 펀치넬로야 남들이 어떻게 생각하느냐가 아니라 내가(=엘리아저씨) 어떻게 생각하느냐가 중요하단다. 난 네가 아주 특별하다고 생각해."

"제가 특별하다고요? 뭐가요?" "왜냐하면, 내가 널 만들었기 때문이지, 너는 내게 무척 소중하단다. 네가 나의 사랑을 신뢰할 때 그 표들에 신경을 덜 쓰게 된단다." 그 말을 듣고 문밖으로 나가던 펀치넬로는 이렇게 생각했다. "아저씨 말이 맞을지 몰라." 그때 ● 하나가 땅으로 떨어졌다.

펀치넬로가 사는 사회 분위기를 생각해 보자.
- 펀치넬로의 문제는 무엇이었는가?
- 펀치넬로가 두려워했던 것은 무엇인가? 그것의 의미는 무엇인가?
- 펀치넬로는 자신의 문제를 어떻게 극복하게 되었는가?

저자가 말하고자 하는 핵심은 자존감의 근본적인 해답은 하나님과의 관계 속에서 찾아야 한다는 것이다. 높은 자존감은 하나님 아버지께서 우리가 특별한 존재라고 하시는 말씀을 받아들일 때 형성된다.

그렇다. 자존감 문제는 하나님을 떠나서는 진정한 해답을 얻을 수 없으며, 하나님을 믿는 믿음이 자존감의 중요한 열쇠가 된다. 자존감은 부모의 영향, 주변 사람들의 영향, 사탄의 영향, 그리고 하나님의 영향을 크게 받으며, 이를 어떻게 받아들이고 믿느냐에 따라 자존감에 직접적인 영향을 미친다.

이제까지 자존감이 어떻게 형성되는지를 살펴보면서, 어린 시절 부모, 친구, 교사, 또는 주변 사람들의 영향을 알아보았다. 마지막으로 하나님이 미치는 영향을 검토했다. 긍정적인 영향을 다시 간략하게 정리하면 다음과 같다.

① 부모의 격려: "너는 정말 잘하고 있어. 계속 그렇게 해!" 부모의 칭찬과 격려는 자신감을 높이고 긍정적인 자아상을 형성하는 데 도움을 줄 수 있다.

② 교사의 인정: "너는 이 과제를 정말 잘했어. 네가 똑똑하다는 걸 보여줬어." 교사의 긍정적인 피드백은 학업에 대한 자신감을 주고 자기 효능감을 증진시킬 수 있다.

③ 친구의 지지: "너는 내게 아주 중요한 친구야. 네가 있어 정말 행복해." 친구의 진심 어린 지지와 애정은 소속감과 자존감을 높여준다.

④ 주변 사람들의 칭찬: "네가 그 일을 어떻게 처리했는지 정말 대단해. 너는 정말 신뢰할 수 있는 사람이야."

⑤ 하나님의 격려: "너는 나에게 특별한 존재란다."

이렇게 주변 사람들의 칭찬과 격려와 지지는 개인의 가치를 강화하고 자존감을 높이는데 긍정적인 영향을 미친다.

자존감의 문제는 하나님과 깊은 관련이 있다. 왜냐하면 인간은 인간을 창조하신 하나님을 떠나서는 인생의 모든 문제에 대한 답을 찾을 수 없을 뿐만 아니라, 진정한 존재 가치를 느끼지 못하기 때문이다.

〈 용어설명 〉

• 자아상: 자신에 대해 어떻게 느끼고 생각하느냐를 뜻하는 말, 자화상이라고도 한다.

• 자존감: 자아존중감의 준말로, 자신이 사랑받을 만한 가치가 있는 소중한 존재라고 믿는 느낌(나는 소중하다.)

• 자신감: 자기신뢰감의 준말로서 자신의 능력을 믿는 느낌(나는 할 수 있다.)

• 자존심: 남에게 굽히지 않고 자신의 품위를 스스로 지키는 마음(나는 존중받고 싶다.)

• 자만심: 자신 또는 자신과 관련된 것을 스스로 자랑해 뽐내는 마음(나 말고 누가 있겠어?)

• 자부심: 자신 또는 자신과 관련된 것을 자랑스럽게 여기는 마음가짐(나는 해냈다.)

02부

낮은 자존감으로 인해
발생하는 문제들

02부
낮은 자존감으로 인해
발생하는 문제들

2부에서는 낮은 자존감으로 인해 발생하는 문제들을 다루게 될 것이다. 먼저 한 가지 전제를 염두에 두고 전개하려 한다. 낮은 자존감을 무조건 부정적으로만 보는 견해를 지양하려 한다. 자존감이 낮은 사람을 정죄하거나 그들이 문제를 안고 있다는 식으로 접근하면, 그들의 내면적인 고통을 더 악화시킬 수 있기 때문이다. 자존감이 낮은 이유는 개인의 경험, 사회적 환경, 그리고 심리적 요인 등 여러 복잡한 요소들이 맞물려 있기 때문에 단순히 "잘못된" 것으로만 치부해서는 안 된다.

오히려 자존감이 낮은 사람에게 필요한 것은 이해와 공감, 그리고 그들의 고통을 인정하는 것이다. 자존감이 낮은 것은 그 자체로 한 인간의 연약함을 나타내기도 하며, 이 연약함을 통해 더 깊은 성찰이나 타인에 대한 공감이 자라날 수도 있다. 이는 성경에서도 나타나는 원리로, 예수님께서 연약한 자들과 죄인들을 비난하지 않고 오히려 그들을 품으신 것처럼 말이다.

따라서 자존감이 낮다는 것을 무조건 부정하거나 비판하기보다는, 그 사람의 입장에서 이해하고, 스스로 자신의 가치를 발견할 수 있도록 도와주는 접근이 더 바람직하다. 자존감 문제를 다룰 때는 그 사람의 마음 상태와 경험을 존중하며, 그들이 스스로 성장하고 변화할 수 있는 여지를 주는 것이 중요하다는 점을 염두에 두고 문제들을 다루고자 한다.

1. 비교의식

사람은 가치 지향적이다. 물건을 고를 때 이것저것 살펴보는 것은 더 좋은 것, 더 가치 있는 것을 찾기 위함이다. 사람도 마찬가지다. 이 사람 저 사람을 비교해 보는 것은 나에게 가장 마음에 드는 사람을 얻기 위해서이다. 물건을 매매할 때도, 직장을 선택할 때도, 결혼을 할 때도, 어떤 것을 선택할 때도 비교하는 이유가 바로 여기에 있다.

사람은 살아가면서 다른 사람과 비교하지 않고 살아가는 것이 쉽지 않다. 그러나 비교는 긍정적인 부분보다 부정적인 부분이 더 많다. 타인과의 비교를 통해 우월감이나 열등감을 느낄 수 있기 때문이다. 열등감이란 비교의 산물이며, '나는 당신보다 못한 사람이고 당신은 나보다 우월하다'고 느끼는 감정이다. 이것은 겸손이 아니다. 스스로 낮추어 상대를 높이려는 마음이 아니라, 스스로를 비하하여 '나는 천한 사람입니다'라고 스스로를 깎아내리는 것이다. 하나님은 이런 태도를 기뻐하지 않으신다.

1) 비교의식은 개성을 파괴한다

각 사람은 고유한 경험과 배경을 가지고 있으며, 또한 각자 독특한 개성을 지니고 있다. 우리는 남들이 감히 흉내 낼 수 없는 독특한 개성을 갖추고 있다.

꽃은 아름답다. 그런데 '세상에서 어떤 꽃이 가장 아름다운가?' 하는 질문은 어리석은 질문일 수 있다. '너는 어떤 꽃을 좋아하느냐?'고 묻는 것이 더 적절하다. 왜냐하면 꽃의 아름다움은 보는 사람의 주관에 따라 다르기 때문이다. 장미는 장미만의 아름다움이 있고, 튤립은 튤립만의 아름다움이 있으며, 코스모스는 코스모스만의 아름다움이 있다. 이것을 개성이라고 부른다.

도종환 시인은 "사람은 누구나 꽃이다"라는 산문집의 '모두가 장미일 필요는 없다'에서 이렇게 노래한다.

그러나 모든 사람이 장미일 필요는 없다.
나는 나대로, 내 사랑하는 사람은 그 사람대로
산국화이어도 좋고 나리꽃이어도 좋은 것이다.
아니, 달맞이꽃이면 또 어떤가!

맞다, 모든 꽃이 장미일 필요는 없다. 모든 꽃이 장미처럼 되려고 애를 쓰거나, 장미처럼 생기지 않았다고 싫어해서도 안 된다. 중요한 것은 내 빛깔과 향기, 그리고 내 모습에 어울리는 아름다움을 가꾸는 일이다.

어차피 장미로 태어나지 않고 코스모스로 태어났다면, 가녀린 내 꽃대에 어울리는 소박한 아름다움을 장점으로 만드는 일이 중요하다. 욕심 부리지 않고 순한 내 빛깔을 개성으로 삼는 것이 우선이다. 남들이 발견할 수 없는 내 모습과 연한 심성을 기다리며 찾는 사람이 반드시 있기 때문이다.

자신의 주어진 개성을 개발하지 않고 남과 비교하면 열등감에 사로잡히게 되고, 그 순간부터 행복은 사라진다. 그러므로 우리는 지나치게 다른 사람과 비교하거나 경쟁하기보다는 자신의 개성과 장점을 개발하는 데 집중해야 한다.

2) 비교의식은 자존감을 저하시킨다

비교하는 마음은 자신의 가치를 낮게 평가하게 하여 자존심 하락 등 부정적인 감정을 초래하고, 삶을 힘들게 한다. 또한 경쟁 상황에서 실패에 대한 불안감을 초래해 스트레스를 증가시키고, 자신의 역량을 제대로 발휘하지 못하게 할 수 있다. 이를 극복하기 위해서는 있는 그대로의 자신을 받아들이고, 자신의 고유한 장점과 가치를 발견하는 것이 중요하다.

A라는 기독학생이 있었다. 고등학교를 마친 후 대학에 도전했지만, 최

선을 다했음에도 원하는 대학에 진학하지 못했다. 한편, 교회에 다니지 않는 친구는 명문대에 합격했다. 그러자 A학생은 자신이 너무나 초라해 보였고, 마치 실패한 인생처럼 느껴졌다. 그가 자신을 비참하게 느낀 이유는 현재의 상황에만 몰두하고, 인생의 일부분만 보았기 때문이다. 이런 사람에게 로마서 8장 28절의 말씀이 위로가 될 것이다. '우리가 알거니와 하나님을 사랑하는 자, 곧 그의 뜻대로 부르심을 입은 자들에게는 모든 것이 합력하여 선을 이루느니라.' 우리도 현재의 모습만 바라보고 인생에 대해 함부로 결론을 내리지 말아야 한다. 우리의 인생은 예수 그리스도의 손에 달려 있다.

고등학교 시절에 나를 가르쳐 주셨던 국어 선생님이 기억난다. 이 선생님은 수업시간에 학생들이 엉뚱한 질문할 때 꼭 이렇게 일깨워주셨다. "야, 이 놈아, 부분을 보지 말고 전체를 봐!"

그렇다. 현재 내 인생을 다른 사람과 비교하여 열등감에 사로잡히거나 실패한 것처럼 단정 짓지 말아야 한다. 단면에 집착하면 전체를 볼 수 없다.

3) 비교의식은 성과에 영향을 미친다

타인과의 비교는 때로 자신의 성과에 자극을 주어 분발케 하는 요소로 작용할 수 있지만, 그렇지 않을 경우에는 열등감과 부정적인 영향을 미칠 수 있다. 자신의 성과와 타인의 성과는 서로 다르다는 것을 이해하고 받아들이는 것이 중요하다.

4) 비교의식은 대인관계에도 영향을 미친다

타인과의 비교는 대인관계에 부정적인 영향을 미칠 수 있다. 자신과 타인을 비교하며 질투와 적대감을 느끼게 되면 대인관계가 손상될 수 있다. 타인의 성과와 자신의 성과를 비교하는 것보다 서로의 성과를 인정하고 축하하는 것이 대인관계를 좋게 유지하는 방법이다.

성경은 남을 나보다 낮게 여기는 겸손을 말하고 있을 뿐, 결코 열등감을 말하지 않는다. 빌립보서 2장 3절에서는 "아무 일에든지 다툼이나 허영으로 하지 말고 오직 겸손한 마음으로 각각 자기보다 남을 낫게 여기라"라고 말씀하신다. 이는 자신을 스스로 깎아내리면서 남을 낫게 여기라는 것이 아니다. 나를 소중히 여기면서 남을 높이라는 것이다. 주님의 뜻은 자신의 장점으로 상대의 단점을 섬기는 것이 성경적인 낮춤이라고 한다.

남의 인생은 모두 쉬워 보인다. 친구들은 원하는 대학에 척척 들어가고, 취업도 잘 되어 원하는 직장에 들어가며, 좋은 짝을 만나 사랑을 하고, 결혼도 하고, 자녀들도 훌륭하게 자란다는 이야기들을 들을 때, 자존감이 낮은 사람은 자신의 모습을 돌아보게 된다. 그리고 다른 사람들에 비해 초라해진 모습을 보며 더욱 열등감에 시달리게 된다. 유독 나만 실패자처럼 보이며 힘들고 우울해하는 상황이 된다.

이처럼 타인과의 비교는 자존감 저하와 대인관계 손상 등 부정적인 영향을 크게 미친다. 그러므로 우선 자신의 인생과 타인의 인생이 같을 수 없다는 사실을 인정하고 받아들이는 것이 중요하다. 또한, 자신만의 기준과 목표를 세우고 자신의 성과를 높이는 방법을 찾는 것이 필요하다. '너는 너고 나는 나다'라는 사실을 명심해야 한다. 모든 사람이 똑같은 길을 걷는 것은 아니다. 사람들을 동일한 잣대로 평가하는 것은 공정하지 않다. 멋지고 아름다운 연예인이 사람을 평가하는 기준이 되어서는 안 된다. 다른 사람의 개성을 부러워하기보다 자신의 개성을 발견하고 개발해야 한다.

> 로마서 12:3   내게 주신 은혜로 말미암아 너희 중 각 사람에게 말하노니 마땅히 생각할 그 이상의 생각을 품지 말고 오직 하나님께서 각 사람에게 나눠 주신 믿음의 분량대로 지혜롭게 생각하라.

5) 비교의식은 은혜를 잊어버리게 한다

사람은 비교를 통해 자신이 받은 은혜를 망각하는 경우가 있다. 성경 마태복음 20장 1-16절에는 포도원 품꾼의 비유가 나온다. 포도원 주인이 포도원에 품꾼들을 고용하여 일을 하도록 기회를 주었다. 아침 9시에 나가보니 장터에서 놀고 있는 사람들이 있었다. 주인은 그들에게 한 데나리온(노동자 하루 품삯)을 주기로 약속하고 포도원에서 일하도록 채용하였다. 그뿐만 아니라 12시, 오후 3시, 오후 5시에 각각 나가서 품꾼들을 고용하였다. 이제 하루 일과를 마치고 주인은 품꾼들에게 품삯을 지급하게 된다. 제일 나중에 온 사람부터 지급을 하는데, 마지막에 1시간 일한 품꾼에게 한 데나리온을 주자 다른 품꾼들의 기대감이 증폭되었다. 늦게 온 품꾼이 한 데나리온을 받았다면, "나는 일찍 왔으니 더 받을 수 있겠구나"라는 기대감이었다. 그런데 주인은 모든 품꾼들에게 모두 똑같이 한 데나리온을 지급하였다. 이에 대해 한 사람이 이의를 제기했다. "나중에 온 사람들은 한 시간밖에 일하지 않았거늘, 그들을 종일 수고하며 더위를 견딘 우리와 같게 하였나이다."

그러자 주인은 말하길, "친구여, 내가 네게 잘못한 것이 없노라. 네가 나와 한 데나리온의 약속을 하지 아니하였느냐? 네 것이나 가지고 가라. 나중에 온 이 사람에게 너와 같이 주는 것이 내 뜻이니라."

그렇다. 늦게 온 사람에게 많이 주든 적게 주든 주인의 뜻과 마음이라는 것이다. 계약서에 적힌 대로 지급한 것이 잘못은 아니라는 것이다.

여기서 먼저 와서 일을 한 품꾼들이 한 가지 잊고 있는 것이 있었다. 그것은 일감이 없을 때 자신들을 불러주신 주인의 은혜를 망각한 것이다. 그들은 다른 사람과 비교할 것이 아니라 자신에게 베풀어준 주인의 은혜에 감사했어야 했다. 그러나 그 은혜를 잊어버렸기에 원망하게 된 것이다.

앞에서 살펴본 대로, 비교 의식은 개성을 파괴하고 자존감을 저하시키며, 성과와 대인관계에도 영향을 미치고, 결국 은혜를 잊게 만든다.

2. 열등감

아이들이 부모로부터 듣기 싫어하는 말 중에는 공부와 성적에 관한 것이 가장 많다고 한다. 중고등학생 300명을 대상으로 한 조사에 따르면, 아이들은 성적에 대한 말을 가장 듣기 싫어하고, 그다음으로 형제나 친구와의 비교를 싫어한다고 한다. 비교는 열등감을 유발시킨다.

맥스웰 말츠(Maxwell Maltz)는 현대인의 약 95%가 열등감을 느끼고 있다고 추정했다. 열등감은 비교의식의 산물이다. 대체로 낮은 자존감을 가진 사람은 몹시 심한 열등감에 사로잡혀 있다. 다시 말해, 열등감은 낮은 자존감에 의해 생겨나는 것이다.

열등감이라는 말을 처음 사용한 사람은 개인심리학의 창시자 알프레드 아들러(Alfred Adler)이다. 그는 인간이 누구나 어떤 측면에서 열등감을 느낀다고 말했다. 이는 현재보다 나은 상태인 완전성을 실현하기 위해 노력하는 존재이며, 동시에 사회적 존재로서 다른 사람들과 비교하여 자신을 평가하기 때문이다.

열등감은 낮은 자존감에 의해 생겨나고, 낮은 자존감은 또 다른 열등감을 낳는다. 열등감은 대개 타인과의 비교를 통해 자기를 평가하는 데서 시작된다. 우리는 살아가면서 사람이나 사물, 사건 등 많은 것들을 평가한다. 남이 아닌 자신에 대한 평가도 하게 되는데, '나는 어떤 사람이다. 나는 누구다'라고 스스로 진단을 하게 된다. 문제는 자기가 자기에 대한 평가를 너무 낮게 내린다는 점이다. 우리는 그것을 열등감이라고 한다.

1) 열등감과 가면증후군

미국의 임상심리학자 폴린 클랜스(Pauline Clance)와 수잔 임스(Suzan Imes)는 1978년에 '가면 증후군'에 대해 발표했다. '가면 증후군'이란 자신의 능력에 대해 의심을 가지고 있으며, 언젠가는 이 무능함이 탄로 나지 않을까 걱정하고 두려워하는 심리상태를 말한다. 이는 소위 사회적으로 성공했다고 하는 사람들에게서 많이 나타난다고 한다. 이런 사람들은 다른 사람들에 비해 열등감을 많이 느낀다고 한다.

할리우드의 여배우 엠마 왓슨(Emma Watson)과 나탈리 포트만(Natalie Portman), 코미디언 토미 쿠퍼(Tommy Cooper) 등의 유명인들도 많은 성취를 이룰수록 자신이 무능력하게 느껴졌다고 말하며, 스스로 가면 증후군을 겪었다고 밝혔다. 명성 있는 연예인들 중에는 가끔 스스로 목숨을 끊는 일이 발생하는데, 이 중에는 가면 증후군에 시달린 경험이 있는 것으로 알려진 사람도 있다.

우리는 흔히 사랑을 많이 받거나 인기가 있는 사람들은 자존감이 높을 거라고 생각하지만, 인기 연예인들 중에도 우울증을 앓는 이들이 적지 않다. 인기와 무관하게 정작 본인은 불안하고 외롭고 사랑받지 못하고 있다고 여긴다. 이런 사람들은 자신의 부족함을 메우기 위해 포장과 과장을 반복하지만, 그럴수록 내면은 더 황폐해진다. 자기 확신이 줄어

들면 나를 사랑해 줄 사람이 과연 있을까 의심하게 된다. 그래서 가면을 쓰고 산다. 그러나 가면 뒤로 도망치기보다는 오히려 그것을 마주하는 것이 더 큰 성공으로 가는 길이 될 수 있다.

2) 열등감이 삶에 미치는 영향

열등감은 자신과 다른 사람을 비교하면서 자신이 초라하거나 열등하다고 느낄 때 생기는 감정이다. 자신에게 부족한 면이 있지만, 다른 사람들은 그런 부족한 면이 없이 다 갖추고 있다고 생각한다. 이를 자격지심이라고도 한다.

'자신에게 없는 것'과 '나에게만 없는 것'은 다르다. 사실, 나만 가진 것도 많지만, 열등감을 느끼는 사람은 그것을 보지 못하고 없는 것에만 초점을 맞추어 억울함을 느낀다. 열등감은 자신에게 일어나는 모든 일을 하찮게 여기고, 잠재력을 마비시킨다. 또한 대인관계를 해치고 사람들 앞에 나서기 어렵게 만든다. 타인의 나쁜 점만을 보고, 우월감을 가지며 다른 사람을 지배하려는 경향이 있다. 열등감을 가진 사람들은 칭찬과 애정 표현을 진심으로 받아들이지 못한다.

열등감은 대인 간의 갈등, 질투와 비난, 불평을 초래하며, 아량이 없고 지나치게 예민하고 고집이 세며 스스로 움츠려 들게 한다. 아울러 용서하지 못하는 성향이 있으며, 타인이 자신을 나쁘게 평가할 것이라고 거의 확신한다. 이러한 열등감은 대개 남의 시선에 지나치게 예민하게 반응하게 한다.

오늘날에는 예쁘고 날씬한 사람들을 선호하는 사회적 경향이 있다. 매력적인 외모와 균형 잡힌 몸매를 가지고 얼굴이 예쁘고 재능이 많으며, 노래와 춤을 잘 추는 사람들은 특별한 대우를 받는다. 반면, 외모가 좋지 않아서 무시당한 아이들은 자존감이 낮아질 가능성이 높다. 외모에 대한 열등감을 가진 사람들은 유별나게 타인의 시선을 의식하며, 신체의 열등감이 있는 부분에 집중하게 된다.

그러나 기억하자. 외모, 키, 집안, 지능 등은 우리가 선택할 수 없는 타고난 조건들이다. 우리는 이를 바꿀 수 없으며, 이러한 것들은 우리의 노력으로는 변하지 않는다. 선천적 조건 때문에 생긴 열등감이 모든 열등감의 60%를 넘는다고 한다. 이러한 선천적 조건에 대한 열등감을 해결하는 방법은 단 한 가지, 주어진 현실을 받아들이는 것밖에 없다.

송인규는 『잃어버린 자아를 찾아서』에서 자신의 고민을 고백하며, 키가 작다는 것이 열등감뿐 아니라 수치심의 원천이었고 공적 생활을 기피하는 경향을 낳았다고 말했다. 그러나 그는 나중에 키가 작다는 사실보다 자신의 태도와 자아 인식에 문제가 있었음을 깨달았다. 같은 상황에서도 어떤 이는 열등감을 느끼고, 어떤 이는 전혀 느끼지 않는 것을 발견했다. 결국 열등감은 생각과 태도의 문제라는 점을 알게 된 것이다.

열등감은 타인들과 비교했을 때 타인이 자신보다 더 우월하다고 느낄 때 생기는 감정이다. 이러한 감정은 사람의 자존감을 떨어뜨리고 우울감이나 불안감을 유발할 수 있다. 비교는 지혜롭지 못하다. 왜냐하면 자신과 타인의 차이점을 인정하고 받아들이지 않기 때문이다. 우리는 세상의 평가기준에 좌우되지 말고, 하나님이 공평하신 하나님이시며 모든 사람에게 장단점을 주셨다는 것을 인정하고 감사할 때 열등감으로부터 자유로워질 수 있다. 자신이 자신의 삶을 살지 않고 끝없이 남과 비교하며 산다면, 그것은 최고의 비극이다.

자신이 자신의 삶을 살지 않고 끝없이 남과 비교하며
산다면, 그것은 최고의 비극이다.

3. 대인기피증

　사람은 하나님의 형상대로 창조되었으며, 사회적 존재이기 때문에 다른 사람과의 관계를 맺지 않고는 살 수 없다. 그러나 자존감이 낮은 사람들에게 나타나는 주요 증상 중 하나는 대인관계에서 어려움을 느끼는 것이다. 자존감이 낮은 사람은 자신의 가치를 과소평가하며 위축되는 경향이 있다. 이로 인해 자존감이 낮은 사람들은 사람들과의 만남을 꺼리고, 혼자 있는 것이 더 편안하다고 느낀다. 왜냐하면 그들은 사람들이 자신을 좋아하지 않을 것이라고 생각하기 때문이다. 특히 대인기피증을 가진 사람들은 다른 사람들이 자신을 어떻게 볼지에 대해 매우 민감하다. 그들은 다른 사람들이 자신을 부정적으로 평가할 것을 두려워한다. 그래서 자신에게 익숙한 환경을 선호하고, 그곳에 머물려고 한다. 다른 사람들이 자신을 좋아하고 받아줄 것이라는 확신이 들기 전까지는 가급적 인간관계를 피한다.

1) 대인기피증이란?

　대인기피증은 다른 말로 사회공포증, 개인공포증이라고도 하며, 정확한 진단명은 사회불안장애이다. 이는 성장과정이나 과거 타인 앞에서 특정 사건으로 인해 불안과 고통을 당한 경험이 가장 큰 요인으로 작용한다. 대인기피증 환자의 대다수는 사망, 이별, 학대, 폭력 등의 만성적 스트레스가 있는 불안정한 환경에서 성장하였거나 특정 사건으로 인한 심리적 충격으로 인해 낮아진 자존감과, 과민함이 대표적인 특징이다. 이것이 소아청소년기부터 시작될 경우에는 성인이 된 후에도 지속적으로 일상생활 및 사회생활에 장애를 초래할 수 있다.

2) 대인기피증은 아래와 같은 증상들이 나타난다.

'사람들하고 이야기하는 게 무섭다. 사람들을 만나는 것이 무섭다.' 이런 것은 대인기피증의 대표적인 증상이다. 사람들을 만나는 걸 무서워하는 이유는 '내가 사람들 만나서 뭔가 실수를 하면 어떡하지?'하는 생각이 머리를 지배하기 때문이다. 실수로 인해 무시당하거나 비웃음거리가 되면 어떻게 하나 하는 염려로 인해 불안하다. 일어날 수도 있고, 일어나지 않을 수도 있는 일을 미리 염려하며 불안해한다.

대인기피증의 구체적인 증상은 다음과 같다.

- 항상 타인을 의식하고 눈치를 본다.
- 사람을 만나는 것에 심한 스트레스를 느낀다.
- 사람들에게 주목받는 것이 싫다.
- 사람들과 같이 있으면 식은땀이 나고 가슴 두근거림, 두통, 복통 등의 신체증상이 나타난다.
- 사람들 앞에서 이야기나 발표를 하는 것은 너무 큰 고통이다.
- 사람들이 나를 쳐다보는 것이 싫다.
- 사람이 많은 장소에 가면 극심한 불안을 느낀다.
- 사람이 없는 곳이 가장 편하다.
- 새로운 사람을 만나는 것이 힘들어서 자꾸 회피한다.
- 주로 혼자 있는 편을 택한다.

이처럼 대인 기피증은 자존감이 낮은 사람에게서 흔히 나타나는 증상이다.

4. 죄책감

죄가 주는 불안은 셰익스피어의 희곡 『맥베스』에서 잘 묘사되고 있다. 맥베스와 그의 부인은 유혹에 빠져 던컨 왕을 죽이고 왕위에 오른다. 맥베스는 자신의 악행이 드러날까 두려워 자기 친구를 비롯해 더 많은 살인을 저지른다. 그 과정에서 자기가 죽인 사람들의 환청과 망령에 시달리게 된다. 결국, 맥베스 부인은 미쳐서 자살에 이르고, 맥베스 자신 또한 전쟁에서 패해 죽고 만다. 두 사람이 나누는 대화 중 일부는 다음과 같다:

맥베스 부인: 아무것도 아니야, 왜 이리도 허망할까? 야망은 이루어졌건만 만족을 얻지 못하니. 살인을 하고도 불안이 진드기처럼 따라붙는다면 차라리 살해당한 피해자가 되는 것이 더 마음 편하리라.

맥베스: 우린 독사를 난도질했을 뿐, 죽이진 못했소. 그 상처가 아물면 어설픈 살상을 한 우린 언제 독사의 이빨에 물릴지 모르오. 지금처럼 불안감에 떨며 하루 세 끼 겨우 식사하고 밤마다 무서운 악몽에 시달리며 고통스러운 잠을 잘 바에야 차라리 이 세상이 산산조각이 나고 하늘이 무너지고 땅이 꺼져 버리면 좋겠소.

이처럼 사람의 죄는 불안감과 두려움을 가져오며, 그 죄의 문제가 해결되기 전까지는 그 사람에게서 떠나지 않는다.

1) 죄책감이란 무엇인가?

죄책감의 사전적인 의미는 스스로가 저지른 잘못에 대해 책임을 느끼는 감정을 의미한다. 여기서의 잘못은 개개인의 양심에 의해 결정된다. 사람은 누구나 살아가면서 실수를 할 수 있기 때문에 양심이 있다면, 자신이 실수하거나 잘못한 일에 대해 미안함을 느끼게 된다. 이는 자신이 저지른 행위로 인해 상대방이 당하는 피해가 커질수록 그에 수반되는 죄책감도 커지게 된다.

또한, 죄책감은 자신의 행동이나 선택에 대해 후회하며 자신을 비난하는 감정이다. 즉, 자신이 다른 사람이나 사회에 해를 끼친 것에 대한 내면적인 감정으로, 그로 인해 자신의 행동이나 선택을 후회하는 것이다.

하지만 별것 아닌 일이었거나 이미 합의를 보거나 사과하고 끝난 일로 인해 죄책감을 느끼는 것이라면 너무 마음에 담지 않는 게 좋다. 계속해서 과거에 저지른 죄로 인해 죄책감이 든다면, 안타깝게도 이미 후회해도 과거 자체는 지나간 일이라 되돌릴 수 없다. 이로 인해 자존감은 크게 떨어질 수 있다.

2) 죄책감에 시달리는 사람들

오랫동안 수배되어 온 탈옥수가 마침내 경찰의 끈질긴 추적에 의해 체포되었다. 기자들이 "체포된 것에 대해 어떻게 생각하느냐? 후회하지 않느냐?"라고 물었다.

체포된 죄인은 "오히려 시원하다. 이제야 발 쭉 뻗고 편안한 잠을 잘 수 있게 되었다. 도망 다니던 하루하루가 나에게는 더 심한 감옥이었다. 언제 어디서 체포될지도 모른다는 불안감과 두려움 때문에 하루도 편한 잠을 잔 적이 없다"라고 말했다.

이스라엘의 두 번째 왕 다윗은 부하 장수 우리아의 아내를 범하고, 그 죄를 은폐하기 위해 우리아까지 죽이는 치밀함을 보였다. 그러나 하나님은 그의 죄를 아시고 선지자를 보내어 그를 책망하셨다. 이에 다윗은 자신의 죄를 깨닫고 통렬하게 회개하며 하나님 앞에 나아갔다. 다음 시는 다윗이 고백한 회개의 시이다.

> 시편 32:3-4 내가 입을 열지 아니할 때에 종일 신음하므로 내 뼈가 쇠하였도다 주의 손이 주야로 나를 누르시오니 내 진액이 빠져서 여름 가뭄에 마름 같이 되었나이다

그렇다. 죄책감은 영혼을 시들게 한다.

사람들 중에는 삶의 어느 순간에 중대한 잘못을 저지른 후, 그로 인해 자신을 미워하는 이들이 있다. 이들은 지나치게 예민한 도덕적 양심의 가책으로 인해 스스로를 정죄하며 싸우고 있다. 이러한 상황이 반복되거나 개선의 기미가 없을 때, 이들은 자기 자신을 자학하거나 무자비하게 정죄할 수 있다.

이러한 자기 정죄는 자신에 대한 왜곡된 평가로 이어져, 그들의 삶을 압박하고 있다. 이로 보건대, 죄책감은 자존감을 저하시키는 중요한 요인이 된다.

죄책감으로 괴로워하던 한 여고생의 상담사례이다.

Q: 고교 1학년 여학생입니다. 중 1 때부터 오빠를 사귀어 오다가 중 3때 첫 키스를 했고 원치 않았지만 성관계를 가졌습니다. 그 후 헤어졌지만 제 자신이 더럽고 추하게 느껴지고 기독교인으로서 죄책감을 많이 느낍니다. 친구에게조차 이야기할 수도 없고 너무 힘듭니다.

A: 자매님은 원치 않았던 과거의 성접촉 때문에 미래에 대해 두려워하고 있습니다. 성에 대한 관심이나 성충동 자체가 잘못된 것은 아닙니다. 건강한 청소년이라면 자연스럽게 성적 관심이 일어날 수 있습니다. 그러나 성충동은 스스로 자제하거나 조절할 수 있어야 합니다. 한 통계에 따르면 여자 청소년들은 성적접촉이나 관계를 맺은 후에는 80% 이상이 후회합니다. 미래를 위해 조언한다면 자신의 의사와 상관없는 성적 접근에 대해서는 단호하게 '싫다'고 말해야 합니다.

자매님께서 현재 원하는 것은 과거의 모든 나쁜 기억의 속박에서 벗어나 새롭게 출발하는 것입니다. 그렇다면 어떻게 기독교인으로서 새롭게 시작할 수 있을까요?

첫째는 기독교인으로서 자신의 죄를 고백하십시오. 하나님 앞에서 자신의 잘못된 선택으로 인해 이런 어려움이 왔음을 정직하게 인정하십시오. 하나님께서는 죄를 고백하는 사람을 용서하십니다(요한일서 1:9). 또한 그리스도 안에서 자매님이 완전히 새로운 사람으로 태어날 수 있음을 신뢰하고 나아가십시오(고린도후서 5:17).

> 요한일서 1:9   만일 우리가 우리 죄를 자백하면 그는 미쁘시고 의로우사 우리 죄를 사하시며 우리를 모든 불의에서 깨끗하게 하실 것이요
>
> 고린도후서 5:17 그런즉 누구든지 그리스도 안에 있으면 새로운 피조물이라 이전 것은 지나갔으니 보라 새 것이 되었도다

둘째로 과거의 영향력으로부터 벗어나려면 자신을 속이는 거짓 소리와 싸워야 합니다. 악한 세력은 끊임없이 자매님 속에서 '더럽다', '추하다'는 생각으로 괴롭힐 것이며, '너 같은 사람은 아무 쓸모없다' 고 고발할 것입니다. 그런데 그 누구도 하나님의 백성을 고발하고 죄 있다고 손가락질할 수 없다고 성경은 단언합니다(로마서 8:31~34).

그러므로 스스로를 비난하는 죄책감과 결별을 선언하고 성경적이며 긍정적인 사고 즉, 하나님께서는 하나님의 기쁨을 위해 자매를 창조하셨고 앞으로 그 목적을 이루어가도록 또 다른 기회를 주신다는 것을 기대하십시오.

혼자 간직한 자신만의 비밀은 오히려 내적충동성을 강화할 수 있으므로 자매님을 이해하고 도울 수 있는 전문적인 상담자나 영적지도자에게 도움을 청하십시오.

이 사례는 국민일보 '희망의 상담실'에 실렸던 홍인종 장신대 교수의 상담사례이다.

사람마다 동일한 잘못을 해도 죄책감에 시달리는 정도는 다를 수 있다. 전쟁 중 어떤 군인은 적을 죽여 공을 세운 것에 대해 기뻐하지만, 다른 군인은 나라나 이념이 다르다는 이유로 자신과 같은 사람을 죽인 것에 대해 죄책감을 느낀다. 또, 누군가에게 실수로 혹은 단순 장난으로 상처를 입혔다면, 어떤 사람은 그 정도로 그쳐서 다행이라고 느끼지만, 다른 사람은 그로 인해 상대방에게 고통을 주었으며 평생 지워지지 않는 상처를 남겼다고 생각하며 죄책감을 느낀다. 사람마다 느끼는 죄책감이 다르다는 것을 명심하자.

사람은 죄를 짓고 나면 두려움과 함께 죄책감을 느끼게 된다. 자존감이 낮을수록 죄책감에 더욱 시달리게 된다. 반복되는 죄로 인해 자신을 가치 없는 존재이자 구제불능이라 자책하며 스스로를 비하하게 된다. 또한, 과도한 죄책감은 우울감을 동반하며, 그로 인해 자존감이 급격히 떨어지기도 한다. 죄 자체를 미워하는 것이 아니라, 죄를 지은 자신까지 미워하게 되는 것이다. 이러한 자기 정죄는 자존감을 더욱 떨어뜨리는 결과를 초래한다.

3) 어떻게 하면 죄책감으로부터 자유 할 수 있을까?

죄책감에서 자유로워지려면 먼저 죄의 문제를 해결해야 한다. 그리스도인의 삶을 살기 위해서는 객관적인 죄책을 심각하게 다루어야 한다. 잘못을 바로잡는 일을 거부하면 하나님과 올바른 관계를 가질 수 없다. 객관적인 죄를 진지하고 철저하게 다룬다면 우리는 잘못된 죄책감에서 벗어날 수 있다. 그러나 죄의 문제는 결코 인간의 노력으로 해결되지 않는다. 회개하면 용서하시겠다는 하나님의 약속에 근거해 그분의 은혜를 받아야 한다. 죄책감은 영혼을 시들게 하지만, 은혜는 영혼을 소생시킨다.

성경에서 바울만큼 극심한 죄책감에 시달린 사람은 없었을 것이다. 그는 그리스도인들을 죽음으로 내몰았고, 스데반을 돌로 쳐 죽이는 일에 앞장섰으며, 신자들을 붙잡아 고문하고 피를 흘리게 했다.

사도행전 8:3   사울이 교회를 잔멸할새 각 집에 들어가 남녀를 끌어다가 옥에 넘기니라

이후 그는 다메섹에 있는 그리스도인들을 색출하러 가는 도중 예수님을 만나 새사람으로 변화되었다. 그는 자신의 죄로 인해 죽임을 당하는 것이 마땅했지만, 주님께서 자비와 은혜를 베푸셔서 그를 살리셨고, 새로운 사명자로 거듭나게 하셨다. 바울은 주님의 은혜를 통해 부끄러운 죄를 회개하고 참된 자유를 얻게 되었다.

그렇다. 우리의 죄책감은 하나님의 은혜를 받아들이고, 회개를 통해 용서를 받을 때 진정으로 해방될 수 있다. 죄책감의 해결책은 3부 '회개와 믿음이 죄책감에서 자유케 해주는 열쇠이다'에서 자세히 설명될 것이다.

죄책감은 영혼을 시들게 하지만, 은혜는 영혼을 소생시킨다.

5. 우울증

우울증을 앓고 있는 사람들의 자존감은 최악일 수 있다. 이들에게 자존감을 높이기 위한 노력은 매우 어렵고 복잡할 수 있다. 가장 시급한 것은 이들에게 공감해 주는 것이며, 가장 필요한 것은 하나님이 자신을 얼마나 사랑하시는지에 대한 믿음을 심어주는 것이다.

1) 우울증에 관한 정의

흔히 우울증을 "정신 건강에서의 감기"라고 이야기하지만, 우울증은 감기와 질적으로 다르다. 우울증은 단순한 감기가 아니라 방치하면 삶에 중대한 변화를 가져올 수 있는 심각한 증상이다. 우울증은 매우 복잡하고 파악하기 어려운 감정이기 때문에, 이를 쉽고 간단하게 정의하는 것은 매우 어려운 일이다. 사전을 살펴보면, '우울증'(depression)이라는 단어는 '내리 누름'(to press down)이라는 어원을 담고 있다. '우울하다'는 동사는 (1) 정신을 꺾어내다, 기를 죽이다, 낙담시키다, 슬프게 만들다, (2) 가치를 낮추다, (3) 활동성과 적극성을 저하시킨다, (4) 더욱 저급한 위치로 '밀어 넣는다'는 의미를 갖고 있다.

이러한 정의에 비추어 볼 때 우울증은 절망감, 의기소침 또는 낮은 자존감을 유발하는 것이라고 볼 수 있다. 그러나 우울증은 이러한 객관적 이유로써 증명된 것보다도 훨씬 더 크고, 더 깊고, 더 긴 절망상태를 의미한다.

존 화이트(John White)는 우울증을 '불완전한 기분상태'로 정의하였다. 정신분석학자 프로이드(Freud)는 1917년 「슬픔과 우울」이라는 논문에서 대부분의 우울 증세가 배우자의 상실, 건강의 상실, 직업의 상실 또는 수술로 인한 신체 일부의 절단 등 외부 요인에 기인한다고 주장하였다. 그는 특히 일종의 분노가 한 개인 속으로, 곧 내부로 향한 형태가 우울증이라고 말하고 있다. 모든 인간은 유한하기에 본질적으로 우울할 수밖에 없는 존재이다. 우울이라는 것은 사람이 어떤 한계를 넘을 수 없는 벽을 만났을 때 인간이 느끼는 감정이다. 많은 사람들이 우울증을 일시적 감정으로 이해하고 노력을 하면 벗어날 수 있다는 것으로 오해하고 있으나, 우울증은 정신적 질환이기 때문에 치료와 개입이 필요하다.

2) 우울증의 증상

우리는 일상적으로 '우울증'이라는 말을 많이 한다. 감정적으로 조금만 이상한 것 같으면 '너 우울증 아니니?'라고 묻기도 한다. 우울증의 정확한 진단은 정신건강의학과에서만 가능하지만, 아래 증상 중에서 5가지 이상을 겪고 있다면 일반적으로 우울증이라 한다.

① 대부분의 시간 동안 짜증이 난다.
② 하루 종일 이유 없이 우울하다.
③ 일상생활에서의 즐거움 및 흥미가 상실되거나 감소한다.
④ 체중 또는 식욕의 변화가 나타난다.
⑤ 잠자리에 들지 못하거나 너무 오랫동안 잠을 자지 못한다.
⑥ 매일 불안감을 느낀다.

⑦ 피로와 낮은 에너지 때문에 움직임이 느려진다.

⑧ 결정을 쉽게 내리지 못하고, 죄책감과 무기력한 느낌이 든다.

⑨ 자살에 대해 생각한다.

⑩ 집중하는 데 어려움을 겪거나 창의적인 생각을 하지 못한다.

이러한 감정은 정상인에게도 가끔씩 발생할 수 있지만, 정상인에게는 이런 증상이 일어나더라도 곧 사라지는 경우가 많다. 그러나 우울증을 가진 사람은 상황이 다르다. 우울증을 가진 사람은 이러한 증상이 지속적이고 만성적이며, 일상적인 활동과 감정에 심각한 영향을 미친다.

우울증이 약한 상태에서 심한 상태로 진행됨에 따라, 낙담한 기분은 점점 깊어지고, 일에 대한 동기는 감소하며, 세상에 대한 관심도 줄어든다. 우울한 사람은 자주 자기 자신을 싫어하는 강한 감정을 자각하며, 자신의 약점에 대해 죄의식을 느끼거나 자신을 가치 없는 인간으로 여길 수 있다. 자기가 무슨 일을 하든지 이러한 우울한 상태를 해결할 수 없다고 믿으며 장래를 암담하게 내다본다. 매일 울거나 체중이 감소하고, 밤잠을 이루지 못하거나 이른 새벽에 깨어나서 다시 잠들지 못할 수 있다. 식욕이 줄어들고 성욕이 소멸하며, 사고력과 집중력이 부족해져 건망증이 늘어나고, 모든 것이 잘못될 것 같아 일을 쉽게 결정하지 못한다. 또한 남편 혹은 아내와 아이들 등 다른 사람들에게도 냉담한 태도를 보일 수 있다.

우울증은 두통, 만성 통증, 소화기 장애, 월경 불순 등의 다양한 신체

증상들을 보이기도 한다. 우울증 환자들은 이러한 증상들로 인해 심각한 고통을 겪으며 사회적, 직업적 기능에 손상을 입어서 주부, 학생, 직장인 등으로서 맡은 바 역할을 제대로 수행할 수 없게 된다. 이런 우울한 기분이 계속 반복되어 나타나 전신을 지배하고, 강도가 극도에 달하면 사망에 이르기도 한다. 이들에게 인생은 괴롭고 고달프다는 생각뿐이다. 삶을 지탱하려는 모든 노력도 쓸데없는 짓으로 보인다. 극단적인 우울증에 빠진 사람들은 차라리 죽는 것이 고통에서 해방되는 것이라고 생각할 수 있다. 그래서 극단적인 행동을 할 수도 있다.

이현주는 그의 책 『이상행동의 심리학』에서 "우리나라에서는 병원에 찾아오는 신경증 환자의 50% 이상이 우울증 환자다. 다른 형태의 정신병리와는 달리 우울증은 사람을 죽음에 이르게 할 수도 있다. 우울증 환자의 200명 중 1명은 자살을 한다"고 한다.

우울증은 슬픔과 절망, 어두운 미래에 대한 그림자를 더한 것과 같다. 우울한 사람은 자주 절망하고 미래에 대한 기대감이 없다. 우울한 사람은 자신의 존재를 부담스럽게 여기며, 과도한 수치심과 죄책감으로 자신을 공격한다. 남을 공격하는 사람들은 적어도 그만큼 우울하지는 않다.

하지만, 자신을 공격하는 우울증은 자신의 자존감에도 심각한 상처를 입힌다. 자신의 인생을 교도소나 생지옥이라 여긴다. 심지어 하나님도 전혀 사랑할 수 없을 만큼 자기 자신이 무가치하다고 생각한다.

"아침에 차라리 해가 뜨지 않았으면…….""이 깊은 잠에서 차라리 깨어나지 않는다면……."

우울증은 아침을 부담스러워하는 병이다. 하루 중 아침은 이들에게 최악의 시간이다! 더구나 화창하고 밝은 아침은 더더욱 그렇다. 더 심각할 때는 차라리 아침에 눈을 뜨지 않고 영원히 눈을 감았으면 하고 바라기도 한다. 아침이 싫은 이유는 단순하다. 그날 하루에 주어지는 일과 사람들과의 만남에 대한 두려움과 부담 때문이다. 다른 사람으로부터 연락이 오는 것이 힘들고, 하루의 일과를 시작하는 것이 힘들다. 왜냐하면, 그럴 기력도 없고, 그럴 만한 마음이나 기운도 전혀 없기 때문이다. 우울증 환자들은 차라리 깊은 밤이 계속되기를 바란다. 건강한 사람들은 도저히 이런 우울증 현상들을 이해하지 못한다.

03부

자존감을 어떻게
빌드업 할 수 있는가?

03부
자존감을 어떻게
빌드업 할 수 있는가?

브루스 나래모어(Bruce Narramore)는 인간의 가치에 대해 이렇게 설명했다.

"인간에 대한 성경적 입장은 우리의 죄와 실패를 인정한다. 그러나 살아계신 하나님의 피조물로서 우리의 고귀한 가치를 떨어뜨리지는 않는다. 우리는 하나님께 사랑을 받으며, 또한 우리 자신들과 다른 사람들의 사랑을 받을 가치가 있다."

성경은 인간의 존재가 하나님께서 보시기에 가치 있는 존재라고 계속 말하고 있다. 인간은 하나님의 형상대로 창조되었으며, 하나님께서는 이를 '보시기에 심히 좋았다'고 평가하셨다. 그러나 죄의 결과로 모든 인간이 죄인이 되었고, 그들의 죄된 속성과 행위로 인해 하나님으로부터 분리되었으며 심판을 받게 되었다고 가르친다. 죄는 하나님에 대한 반역이다. 그러나 타락한 상태에서도 하나님은 여전히 우리를 사랑하시고 귀하게 여기신다. 하나님은 죄를 미워하시지만 죄인을 사랑하신다.

사람이 죄를 지으면 양심의 가책 및 죄의식을 느끼고 자기 자신에 대해 실망하게 되는데, 이것이 열등감의 원인이 되고 자존감을 손상시킨다. 그러나 성경은 예수님을 믿는 우리에게 더 이상 죄인이라고 하지 않는다. 예수 그리스도를 믿으면 의롭다고 약속하셨으며, 또한 하나님의 자녀가 되는 권세를 주셨다고 하신다(요한복음 1:12).

앞에서 우리는 자아상을 '우리가 스스로 생각하고 느끼는 자신의 모습'이라고 정의했다. 죠쉬 맥도웰(Josh McDowell)은 높은 자존감에 대한 성경적 정의를 다음과 같이 내리고 있다. 높은 자존감은 '하나님이 당신을 보듯 더하지도 덜하지도 않게 당신 자신을 바라보는 것이다.' 다시 말해서 높은 자존감은 〈십자가 성 요한의 그리스도〉에서 표현한 대로, 하나님의 관점에서 있는 우리 자신을 바라보는 것을 의미한다. 있는 모습 그대로가 아니라 하나님이 보신 관점으로 보라는 말씀이다.

'더하지도 덜하지도 않게'라는 말을 첨가한 것은 어떤 사람들은 자신에 대해 과장된 견해(자만심)를 지니고 있으며, 또 어떤 사람들은 자기 비하적인 태도(그릇된 겸손)를 지니고 있기 때문이다. 성경적인 자존감은 나에 대한 다른 사람들의 평가가 아니라 나에 대한 하나님의 평가를 받아들이는 것, 즉 하나님께서 하나님의 형상으로 창조하셨고, 죄인 된 나를 예수 그리스도의 십자가 희생을 통해서 나를 받아주셨다는 것을 믿는 것이다. 사람은 믿음에 따라 행동하게 된다. 우리는 하나님의 말씀을 알고 있는 만큼 믿을 수 있다. 그러므로 믿음을 키우기 위해서는 믿음의 대상인 하나님에 대한 지식을 넓히는 길밖에 없다.

자존감은 높아질 수 있다. 물론 그 과정이 쉽지 않고 시간도 많이 걸릴 수 있지만, 하나님의 말씀을 믿고 최선을 다해서 노력하면 반드시 회복될 것이다. 다음의 요소들을 실천할 수 있다면 여러분의 자존감을 높이는데 큰 도움을 줄 것이다.

1. 너는 너고 나는 나라고 말하라

동화 '백설공주'에 나오는 마녀는 백설공주와 자신을 끊임없이 비교하다 불행해진 인물이다. 왕비가 거울에게 "거울아, 거울아, 이 세상에서 누가 제일 예쁘지?"라고 물었을 때 거울은 "왕비님도 아름다우시지만, 백설공주가 더 아름답습니다."라고 대답했다. 동화 속 마녀는 자신의 아름다움을 끊임없이 거울에게 묻고 그 답을 갈망하며 살았다. 그녀는 자신의 모습을 있는 그대로 받아들이지 못하고, 오직 타인의 시선을 통해 자신을 평가하는 삶을 살았던 것이다. 결국 마녀는 평생 자신을 사랑하지 못하고 불행하게 살았다.

마녀는 자신의 아름다움을 남과 비교하며 우월감을 느끼고 자존심을 세웠지만, 결국 자존감을 잃고 스스로의 삶을 무너뜨리게 된다. 거울에게 세상에서 누가 제일 예쁜지를 묻는다는 것 자체가 자신의 가치를 자신에게서 찾지 못하고 다른 사람과의 비교 속에서 찾으려는 시도라고 볼 수 있다. 그 결과 마녀는 자신에게서 아름다움을 전혀 발견하지 못한 채, 백설공주와 비교만 하다가 불행해지고 말았다.

성경에서도 비교로 인해 불행해진 사례를 찾아볼 수 있다. 인류 최초의 살인 사건은 아담의 자녀인 가인과 아벨 형제 사이에서 발생했다. 그 사건의 원인은 비교였다. 두 사람이 하나님께 제사를 드렸는데, 하나님께서는 동생 아벨의 제사는 받아주셨으나, 형 가인의 제사는 받지 않으셨다. 창세기 4장 3-5절에 따르면, "세월이 지난 후에 가인은 땅의 소산으로 제물을 삼아 여호와께 드렸고, 아벨은 양의 첫 새끼와 그 기름으로 제물을 드렸더니, 여호와께서 아벨과 그의 제물은 받으셨으나, 가인과 그의 제물은 받지 않으셨다." 이에 가인은 몹시 분노하여 안색이 변했다. 이로 인해 가인은 동생을 돌로 쳐 죽이는 끔찍한 범죄를 저질렀다. 이 비극은 결국 자신을 동생과 비교하며 일어난 사건이다.

비교로 인해 불행해진 또 다른 사례는 구약 성경 민수기 13장과 14장에 기록되어 있다. 하나님께서는 지도자 모세를 통해 애굽(이집트)에서 노예로 고통받던 이스라엘 백성을 해방시키셨고, 젖과 꿀이 흐르는 가나안 땅을 차지할 것이라는 약속을 주셨다. 이제 그들은 약속의 땅에서 가까운 가데스 바네아에 도착했다. 이때, 가나안 땅에 정탐꾼을 파견하자는 제안에 따라 모세는 12명의 정탐꾼을 보내게 된다. 40일 후, 정탐꾼들이 돌아와 보고회를 갖게 되었고, 이때 12명 중 여호수아와 갈렙 두 사람은 "올라가서 그 땅을 취하자. 그들은 우리의 밥이라"는 긍정적인 의견을 내놓았다. 그러나 나머지 10명의 정탐꾼은 이렇게 보고했다. "거기서 네피림의 후손인 아낙 자손의 거인들을 보았나니, 우리는 스스로 보기에도 메뚜기 같았으니, 그들이 보기에도 그와 같았을 것이니라" (민수기 13:33). 10명의 정탐꾼은 자신들을 가나안 주민들과 비교하며 스스로를 작고 보잘것없는 존재로 여겼고, 그로 인해 이스라엘 백성 전체에 두려움과 실망감을 안겨주었다. 이들의 자아상은 '메뚜기 자아상'이었다.

이런 메뚜기 자아상은 누군가 앞에 서기만 해도 자신이 작아지는 자아상을 의미한다. 10명의 정탐꾼의 보고만 들은 백성들은 하나님과 모세를 원망하게 되었고, 하나님은 진노하셨다. 결국 이스라엘 백성들은 가나안 땅으로 진군하지 못하고 40년 동안 광야를 방황해야 하는 형벌을 받게 되었다. 부정적인 자아상을 가진 10명의 정탐꾼과 그에 동조한 백성들은 한 사람도 가나안 땅에 들어가지 못하고 모두 광야에서 죽게 되었다. 그러나 여호수아와 갈렙 두 사람은 다음 세대와 함께 가나안 땅에 들어가 가나안 족속을 물리치고 정착하게 된다.

신약 성경에서도 비교에 관한 말씀이 있다. 마태복음 25장에는 달란트 비유가 나온다.

> 마태복음 25:14-23 또 어떤 사람이 타국에 갈 때 그 종들을 불러 자기 소유를 맡김과 같으니, 각각 그 재능대로 한 사람에게는 금 다섯 달란트를, 한 사람에게는 두 달란트를, 한 사람에게는 한 달란트를 주고 떠났더니, 다섯 달란트 받은 자는 바로 가서 그것으로 장사하여 또 다섯 달란트를 남기고, 두 달란트 받은 자도 그같이 하여 또 두 달란트를 남겼으되, 한 달란트 받은 자는 가서 땅을 파고 그 주인의 돈을 감추어 두었더니, 오랜 후에 그 종들의 주인이 돌아와 그들과 결산할 새, 다섯 달란트 받았던 자는 다섯 달란트를 더 가지고 와서 이르되, 주인이여, 내게 다섯 달란트를 주셨는데 보소서, 내가

또 다섯 달란트를 남겼나이다. 그 주인이 이르되,
잘하였도다. 착하고 충성된 종아, 네가 적은 일에
충성하였으매 내가 많은 것을 네게 맡기리니 네
주인의 즐거움에 참여할지어다.

이 달란트 비유를 통해 우리는 모든 사람이 각자의 달란트를 가지고
있을 뿐만 아니라, 각자가 받은 달란트가 모두 다르다는 것을 알 수 있
다. 주인은 각기 다른 재능에 따라 달란트를 맡겼다고 기록되어 있다. 여
기서 주목할 점은 '각각 그 재능대로'라는 표현이다. 주인은 종들에게 자
기 소유를 맡기는 원칙을 보여주며, 종들의 능력에 비례하여 달란트를
분배했다는 것이다. 즉, 한 달란트를 감당할 만한 종에게는 그에 어울리
는 한 달란트를, 두 달란트를 감당할 만한 종에게는 두 달란트를, 다섯
달란트를 감당할 만한 종에게는 다섯 달란트를 맡겼던 것이다.

주인은 종들이 감당하기에 알맞은 달란트를 맡긴 것이다. 만일 달란
트의 양으로 비교한다면, 한 달란트를 받은 종이나 두 달란트를 받은 종
은 불만족스러울 수 있다. 하지만 주인은 종들의 재능을 이미 모두 파악
하고 있었기에, 적당하게 맡긴 것이다. 이 비유에서 중요한 것은 몇 달
란트를 받았느냐가 아니라, 각자 받은 달란트를 얼마나 잘 활용하여 남
겼느냐에 있다.

아무리 많은 달란트를 받았더라도 그것을 잘 활용하지 못한다면 무의

미하다. 한 달란트를 받은 종이 책망을 들은 이유는 실패를 두려워하여 그 달란트를 투자하지 않고 땅에 묻어두었기 때문이다. 그는 자신을 꾸짖는 주인에게 인색하고 냉정한 사람이라고 말하며 책임을 주인에게 전가했다. 그러나 주인은 오히려 그 종을 악하고 게으르다고 책망하였다.

이 비유는 각자에게 고유한 재능이 있으며, 그 재능은 서로 다르기 때문에 비교할 필요 없이 맡겨진 재능을 최선을 다해 발휘해야 한다는 것을 일깨워준다. 주인이 유일하게 보시는 것은 맡겨진 달란트를 어떻게 활용했느냐이다.

어느 날, 큰 딸이 아빠의 설교에 불만이 있었는지 직설적으로 물었다. "아빠는 왜 분당 OO교회의 OOO 목사님처럼 설교를 못해요?" 자존심이 상하고 기분이 언짢았지만, 애써 태연한 척하며 이렇게 대답했다. "응, 아빠는 OOO 목사님이 아니란다. 그분은 다섯 달란트를 받았을지 모르지만, 나는 두 달란트를 받았어. 하지만 아빠는 두 배로 남기기 위해 최선을 다하고 있어."
그와 동시에 딸에게 이렇게 말하고 싶은 마음이 들었다. "아빠의 설교가 마음에 안 들면, 분당 OO교회로 가라!"

사람은 누구나 비교당하는 것을 싫어한다. 하지만 우리는 비교를 당할 때에도 당당해야 한다. 두 달란트를 받았다고 해서 왜 다섯 달란트를 주지 않았느냐고 하나님께 떼를 쓸 필요는 없다. 달란트를 받았다는 사실 자체가 이미 주님께 신뢰를 받았다는 의미이기 때문이다. 우리의 인생길은 모두 같을 수 없다. 다만 각자 주어진 사명에 최선을 다할 뿐이다.

1) 생산적인 비교를 하라

로버트 그린(Robert Greene)은 그의 저서 『인간 본성의 법칙』에서 비교하는 성향을 생산적으로 바꾸는 방법을 제시하고 있다. 그는 말하기를, '우리는 누구나 다른 사람과 자신을 비교하게 되며, 자신이 중요하다고 생각하는 영역에서 뛰어난 사람을 보면 긴장감을 느끼고, 이때 시기심이 들기 마련이다.'라고 한다. 이러한 감정은 우리의 본성에 포함된 부분이다.

그린은 당신이 속한 분야에서 누군가 갑자기 성공했다는 소식을 접했을 때, 자신의 속마음을 들여다보라고 조언한다. 틀림없이 순간적으로 부러운 생각이 들고 시기심을 느낄 수 있다. 나를 남과 비교하려는 충동을 완전히 제거하는 것은 거의 불가능하지만, 그러한 성향을 긍정적이고 생산적이며 친사회적인 방향으로 전환하는 것은 우리의 과제라고 한다.

그린은 비교하는 성향을 생산적으로 바꾸는 네 가지 요령을 제시한다. 첫째, 당신이 시샘하는 대상에 가까이 가라. 시기심은 대개 가까운 사이에서 발생한다. 예를 들어, 매일 보는 회사 동료, 가족, 이웃 등에서 그렇다. 사람들은 자신의 문제를 숨기고 가장 멋진 모습만을 보여주는 경향이 있다. 겉으로 보이는 것처럼 완벽한 것은 아무것도 없다. 가까이 가서 들여다보면, 많은 경우 우리가 부러워하던 대상도 문제와 어려움이 있음을 알게 된다. 그들이 보여주는 반짝거리는 면만 보지 말고, 그 뒤에 숨겨진 면도 보도록 노력하라.

둘째, 나보다 못한 사람과 비교하라. 우리는 보통 나보다 많은 것을 가진 것처럼 보이는 사람들에게 초점을 맞추기 쉽다. 그러나 더 현명한 방법은 나보다 덜 가진 사람들을 바라보는 것이다. 비교할 만한 사람은 언제나 많이 있다. 더 혹독한 상황에 처해 있거나 더 많은 위협에 직면해 있으며, 미래에 대해 훨씬 더 심한 불안을 가진 사람들도 존재한다. 심지어 친구 중에도 나보다 훨씬 형편이 안 좋은 사람이 있을 수 있다.

이렇게 비교하다 보면, 나보다 덜 가진 많은 사람들에 대한 공감 능력이 자극될 뿐만 아니라, 실제로 내가 가진 것들에 대한 감사의 마음이 커질 것이다. 이러한 감사의 태도는 시기심을 없애는 데 가장 효과적인 방법이 된다. 감사하는 태도는 운동이 필요한 근육과 같아서 자주 사용하지 않으면 위축되기 마련이다. 따라서 꾸준히 감사의 마음을 가지려고 노력해야 한다.

2) 함께 기뻐하라(Mitfreude)

'미트프로이데(Mitfreude, 함께 기뻐하기)'는 철학자 프리드리히 니체가 언급한 개념으로, 다른 사람의 기쁨을 단순히 축하하는 것을 넘어 그 기쁨을 함께 느끼려고 적극적으로 노력하라는 뜻이다. 타인의 기쁨을 진심으로 나의 것으로 만들 줄 알면, 나중에 내가 어떤 경험을 할 때도 그 기쁨을 더욱 크게 느낄 수 있는 능력이 커진다. 성경에서 이를 잘

설명해 주는 구절이 로마서 12장 15절이다. "즐거워하는 자들과 함께 즐거워하고, 우는 자들과 함께 울라."

3) 시기심이 아닌 본보기의 대상으로 삼아라

머릿속에서 계속 비교가 이루어지는 것을 완전히 중단시킬 방법은 없다. 따라서 그 과정을 생산적이고 창의적인 방향으로 전환하는 것이 최선이다. 더 많은 것을 성취한 사람을 해치거나 그로부터 무언가를 빼앗으려 하기보다는, 그 사람을 본보기로 삼아 나 자신을 그 수준으로 키우려고 열망해야 한다. 이 경우, 시기심이 나를 뛰어난 사람으로 만드는 원동력이 될 수 있다.

자신의 개성과 가치관이 확고하다면, 타인과의 비교 속에서 자신의 위치를 찾으려 해서는 안 된다. 그것은 타인과 자신을 동일시하려는 마음에서 비롯된다. 그러나 사람은 각기 유일한 존재이기에 나와 타인은 결코 같은 사람이 될 수 없다. '너는 너고 나는 나'라는 고백을 하되, 나의 인생은 하나님께서 책임지신다는 믿음을 잃지 말아야 한다.

사람은 각자 자기에게 주어진 사명을 위해 살아야 한다. 요한복음 21장 18-23절에는 예수께서 부활하신 후 디베랴 바닷가에서 제자들과 만나는 장면이 기록되어 있다. 예수께서 베드로에게 주님을 여전히 사랑하고 있는지를 확인하신 후, 그에게 새로운 사명을 주신다. "내 양을 먹이라. 내 양을 치라"고 하신다. 뿐만 아니라, 장차 베드로가 순교를 당할 것이라는 예언까지 하신다. 이 말은 베드로에게 충격적이었고, 이에 베드로는 옆에 있던 다른 제자에 대해 궁금해하며 "주님, 이 사람은 어떻게 되겠사옵니까?"라고 여쭈었다. 그러자 예수께서 이르시되 "내가 올 때까지 그를 머물게 하고자 할지라도 네게 무슨 상관이냐? 너는 나를 따르라"고 하셨다. 이는 베드로와 요한이 각기 다른 인생길을 걷게 될 것을 예언한 말씀이다. 각자에게 주어진 인생길이 다르다는 의미다. 베드로에게는 그가 가야 할 길이 있고, 요한에게는 요한이 걸어야 할 길이 따로 있다. 후에 베드로는 순교했지만, 요한은 베드로와 같은 길을 걷지 않았다.

중요한 사실은 사람마다 각자의 인생길이 있다는 점이다. 모든 사람이 똑같은 길을 갈 수는 없다. 그러므로 나의 인생을 타인의 인생과 비교할 필요는 없다. 모든 인생이 같을 수 없기에, 너는 너의 길을 가고, 나는 나의 길을 가는 것이다. 그러니 남의 인생과 비교하지 말고, 상관하지 말라는 것이다.

예수님께서도 33세의 젊은 나이에 인류의 죄를 위해 십자가의 길을 묵묵히 걸어가셨다. 예수께서는 이렇게 고백하셨다. "아버지께서 내게 하라고 주신 일을 내가 이루어 아버지를 이 세상에서 영화롭게 하였사오니" (요한복음 17:4). "내게 하라고 주신 일을 내가 이루었습니다!"

윤동주의 시 "서시"는 1941년 11월 20일에 지어진 작품이다. 일제강점기에 시인이자 독립 운동가였던 윤동주는 짧은 생애를 살았으며, 그의 유고 시집인 「하늘과 바람과 별과 시」의 첫 부분에 이 시를 기록하고 있다.

죽는 날까지 하늘을 우러러
한 점 부끄럼이 없기를,
잎새에 이는 바람에도
나는 괴로워했다.
별을 노래하는 마음으로
모든 죽어가는 것을 사랑해야지
그리고 나한테 주어진 길을
걸어가야겠다.
오늘 밤에도 별이 바람에 스치운다.

그는 시의 마지막 부분에서 '그리고 나한테 주어진 길을 걸어가야겠다'고 고백했다. 윤동주 시인처럼 우리도 각자에게 주어진 길을 묵묵히 걸어가야 한다. 우리의 인생을 다른 사람과 비교하지 말고, 우리에게 주어진 사명에 따라 살아야 한다.

하나님께서는 나를 위한 특별한 계획과 섭리, 그리고 사명을 가지고 이 세상에 태어나게 하셨다. 우리는 다른 사람과 똑같을 수 없으며, 비교할 필요도 없다. 그는 그이고, 나는 나다. 다른 사람이 나보다 더 많은 달란트를 가졌다고 부러워할 필요도 없고, 다른 사람들의 평가에 목맬 필요도 없다. 그저 자기 자신에게 주어진 달란트에 최선을 다하면 된다. 오늘 우리에게 주어진 길을 묵묵히 걸어가자!

그리고 다른 사람의 달란트를 부러워하지 말고, 자신의 달란트를 소중히 여기며 그것을 두 배로 남기기 위해 최선을 다해야 한다. 또한 비교를 하더라도 생산적인 비교를 해야 한다. '어제의 나'와 '오늘의 나'를 비교하며 성장해야 한다. 모든 사람의 인생길이 각기 다름을 인정하고, 각자 주어진 사명을 발견해 그것을 위해 살아야 한다.

2. 나에 대한 평가를 창조주 하나님께 맡기라

사람들이 열등감을 느끼게 되는 가장 일반적인 원인은 외모와 관련이 있다. 한 여론 조사에 따르면, 13세에서 43세 사이의 여성 중 68%가 외모가 인생의 성패를 좌우한다고 생각한다고 한다. 사회가 얼마나 외모 지향적인지를 단적으로 나타내는 통계이다.

우리 사회는 외모를 중시한다. 대학생을 대상으로 한 실태 조사에서 여학생 응답자의 79.3%가 "외모가 사회에서 능력으로 통한다"고 응답했다. 또, 이러한 응답을 한 여학생의 84.6%는 "외모를 바꾸고 싶다"고 말했다. 남녀 응답자의 74.2%는 자신의 몸에 콤플렉스를 느낀다고 답했으며, 64.8%는 "외모가 성격에 많은 영향을 미친다"고 응답했다. 이처럼 외모를 강조하고 외모에 대한 지나친 관심으로 인해 어려움을 겪는 사람들이 점점 더 늘어나고 있다.

2004년 8140명을 대상으로 조사한 결과, 청소년 중 약 37%가 성형수술을 받고 싶다고 응답했으며, 남학생(26.3%)에 비해 여학생(50.2%)이 훨씬 높게 나타났다.

외모는 내가 선택한 것이 아니고 타고난 것이다. 그럼에도 불구하고 우리 사회는 예쁘고 날씬한 사람들을 지나치게 선호한다. 터프하고, 각선미를 갖추고, 얼굴이 예쁘고, 재주가 많으며 노래와 춤을 잘 추면 특별 대우를 받는다. 예쁜 아이는 유치원, 가정, 학교에서 사랑받는다. 그래서 외모에 자신 있는 아이들은 어려서부터 자존감이 높을 것이며, 반면, 외모가 좋지 않아서 무시당한 아이들은 자존감이 낮아질 가능성이 높다. 외모에 대한 열등감을 가진 사람들은 타인의 시선을 유난히 의식하게 된다. 남들에게 내가 흉하게 보이지 않을까 걱정하게 된다. 조심스럽게 조언하자면, 외모를 바꾸는 것이 자존감을 높일 수 있다고 생각된다면, 외모를 바꾸는 것도 하나의 방법이 될 수 있다.

외모에 대한 열등감을 극복하기 위해서는 다음과 같은 방법이 도움이 될 수 있다:

1) 외모를 인정하라

키나 눈과 같은 외모는 선천적인 것이다. 아버지나 집안도 우리가 선택할 수 있는 것이 아니다. 선택의 여지없이 우리에게 주어진 것이다. 낮은 IQ도 마찬가지로 타고난 것이다. 이는 우리의 노력으로 바꿀 수 없는 조건들이다. 그런데 이러한 선천적 조건 때문에 생긴 열등감이 모든 열등감의 60%를 넘는다. 노력해도 바꿀 수 없는 조건 때문에 열등감을 느끼는 것에 대해 안타까운 마음이 들지만, 문제에 대한 해결 방법은 주어진 현실을 받아들이는 것밖에 없다. 현실 인정이 치료의 시작이다. 그 과정에는 용기도 필요하고 꾸준한 자기 성찰도 필요하다. 내가 남들보다 잘난 것을 자랑할 필요도 없고, 못난 것에 대해 열등감을 느낄 필요도 없다. 나는 나에게 주어진 인생을 내 나름대로 살 뿐이다, 이렇게 마음먹는 것이다.

자존감을 회복하기 위해서는 외모에 대한 열등감에 사로잡히기보다는, 주어진 외모를 인정하고 아름답게 가꾸는 것이 중요하다. 사람은 누구나 매력적인 부분을 가지고 있다. 좋은 인상을 주는 사람도 있고, 웃는 모습이 아름다운 사람도 있으며, 매너가 좋고 배려심이 있는 사람도 있다. 모두가 자신에게도 아름다운 모습이 있다는 것을 발견해야 한다. 자신의 외모에 만족하지 않는다고 해서 창조주를 원망할 수는 없다.

> 이사야 45:9-10 질그릇 조각 중 한 조각 같은 자가 자기를 지으신 이와 더불어 다툴진대 화 있을진저. 진흙이 토기장이에게 너는 무엇을 만드느냐 또는 네가 만든 것이 그는 손이 없다 말할 수 있겠느냐 아버지에게는 무엇을 낳았소 하고 묻고 어머니에게는 무엇을 낳으려고 해산의 수고를 하였소 하고 묻는 자는 화 있을진저

이 말씀처럼 우리를 만드신 분이 하나님이심을 인정하고 비록 마음에 들지 않을지라도 인정해야 한다. 그러나 그것은 말처럼 쉽지는 않을 것이다. 이런 현실을 인정하는 데는 용기도 필요하고 꾸준한 자기 성찰도 필요하다.

2) 가치관을 수정하라.

맥스웰 말츠(Maxwell Maltz)는 그의 저서 『새로운 미래를 소유한 새로운 얼굴』에서, 얼굴 성형 수술을 받은 환자들의 자존감이 수술 전후

로 변하지 않았다는 사실을 언급했다. 환자들은 얼굴이 실제로 아름답게 변했음에도 불구하고 여전히 자신을 못생겼다고 생각하며 행동했다. 이는 근본적인 문제는 외모의 변화가 아니라 자존감의 변화가 필요하다는 것을 보여준다.

'키가 작다'는 불가항력적 열등감을 극복하기 위해서는 삶의 가치를 재조정하는 것이 필요하다. 즉, 키가 인생에서 큰 문제가 아니며, 진정한 가치는 내면에 있다고 확신하는 것이 중요하다. 하나님께서도 우리에게 외면이 아니라 내면에 눈을 돌릴 것을 요구하신다. 하나님은 외모가 아니라 우리의 중심을 보신다.

사무엘상 16:7　여호와께서 사무엘에게 이르시되 그의 용모와 키를 보지 말라 내가 이미 그를 버렸노라 내가 보는 것은 사람과 같지 아니하니 사람은 외모를 보거니와 나 여호와는 중심을 보느니라.

나는 외모에 대한 열등감이 누구보다도 많은 사람이다. 특히 목사로서의 열등감은 매우 심한 편이었다. 외모에 대한 열등감 때문에 다른 사람의 외모에 지나치게 관심을 가지고 비교하게 되었다. 다른 목사들을 볼 때마다 마음속으로 이런 생각을 자주 했다. '어쩌면 저렇게 잘생길 수 있나? 저분의 목소리는 너무 굵고 멋지다. 키도 크고 아담하게 생기셨다.''
반면, 내 얼굴은 세상 기준으로 보면 매우 못생겼고, 목소리도 너무 작아서 감화력을 주지 못하며, 말하는 모습도 부담스럽다. 자존감이 극단적으로 떨어졌을 때는 내가 목사감이 아니라는 생각까지 하게 되었다.

그런데 놀랍게도 나를 향해 얼굴이 잘생겼다고 말한 한 사람이 있었다. 어느 날 설교 중 '내가 목사로서 너무 못생겼다'고 말했을 때, 누군가 "목사님 얼굴이 뭐가 어떻다고 그러세요? 잘 생겼구만"이라고 말씀하셨다. 그분은 다름 아닌 나의 어머니였다. 아내도 나를 못생겼다고 하였지만, 어머니는 달랐다. 그 일을 통해 깨달은 바가 있다. 그렇다, 우리를 창조하신 하나님도 우리를 그렇게 보시겠구나 하는 생각이 들었다.

또한, 외모 열등감을 극복할 수 있었던 것은 하나님께서 나를 구별하여 목사를 삼으셨다는 확신이다. 주께서 나의 모습 그대로를 쓰시겠다고 하는데 내가 무슨 말을 할 수 있겠는가? 출애굽기 4장 10-11절에 모세는 하나님이 자신을 쓰시겠다는 말씀에 계속 거부하였을 때, 하나님께서 설득시키시는 장면이 기록되어 있다.

출애굽기 4:10-11 모세가 여호와께 아뢰되 오 주여 나는 본래 말을 잘 하지 못하는 자니이다 주께서 주의 종에게 명령하신 후에도 역시 그러하니 나는 입이 뻣뻣하고 혀가 둔한 자니이다 여호와께서 그에게 이르시되 누가 사람의 입을 지었느냐 누가 말 못 하는 자나 못 듣는 자나 눈 밝은 자나 맹인이 되게 하였느냐 나 여호와가 아니냐 선지자 예레미야도 하나님의 부르심 앞에 자신의 부족함을 토로한다.

예레미야 1:6-7 내가 이르되 슬프도소이다 주 여호와여 보소서 나는
아이라 말할 줄을 알지 못하나이다 하니 여호와께서
내게 이르시되 너는 아이라 말하지 말고 내가 너를
누구에게 보내든지 너는 가며 내가 네게 무엇을 명령
하든지 너는 말할지니라

우리가 기억해야 할 점은, 하나님께서는 외모로 사람을 쓰시지 않는다
는 점이다. 하나님께서는 약한 자들도 사용하신다. 그러므로 우리는 세
상의 평가 기준에 좌우되지 말고, 주께서 나를 쓰시겠다고 하시면 기꺼
이 순종하는 자세가 요구된다.

마태복음 21:1-3 그들이 예루살렘에 가까이 가서 감람 산 벳바게에 이
르렀을 때에 예수께서 두 제자를 보내시며 이르시되
너희는 맞은편 마을로 가라 그리하면 곧 매인 나귀와
나귀 새끼가 함께 있는 것을 보리니 풀어 내게로 끌
고 오라 만일 누가 무슨 말을 하거든 주가 쓰시겠다
하라 그리하면 즉시 보내리라 하시니

고린도전서 1:26-29 형제들아 너희를 부르심을 보라 육체를 따라 지혜로운 자가 많지 아니하며 능한 자가 많지 아니하며 문벌 좋은 자가 많지 아니하도다 그러나 하나님께서 세상의 미련한 것들을 택하사 지혜 있는 자들을 부끄럽게 하려 하시고 세상의 약한 것들을 택하사 강한 것들을 부끄럽게 하려 하시며 하나님께서 세상의 천한 것들과 멸시 받는 것들과 없는 것들을 택하사 있는 것들을 폐하려 하시나니 이는 아무 육체도 하나님 앞에서 자랑하지 못하게 하려 하심이라

우리에 대한 평가를 사람에게 맡기지 말고 우리를 창조하신 창조주 하나님께 맡길 때 우리의 자존감은 상승할 것이다.

3. 당신이 특별하다는 것을 믿으라

하버드대 교수였던 헨리 나우웬(Henri J. M. Nouwen)은 "세상은 당신에게 당신이 누구인지를 말할 때 너무 많은 거짓을 말한다"고 했다. 세상은 자신의 편견에 따라 '바보, 멍청이, 못난이' 등의 잘못된 말로 다른 사람을 규정하고 과소평가하여 많은 상처를 안겨준다. "너 같은 주제에! 네 까짓 게 무엇을 한다고!" 이런 말들은 잘못된 표현이다.

당신은 하나님의 형상대로 지음 받은 '특별한 존재'이다. 하나님은 당신을 최고의 걸작품으로 창조하셨고, 당신에게 행복한 인생을 선물로 주셨다. 당신은 특별한 사람이다. 그러므로 자신이 얼마나 소중한지를 깨달아야 한다. 행복은 바로 자신의 소중한 가치를 깨닫는 순간부터 시작된다.

에베소서 2장 10절에 의하면 우리는 하나님의 만드신 바라고 했다. 표준 새번역 성경은 이 부분을 이렇게 번역하고 있다: "우리는 하나님의 작품입니다. 선한 일을 하게 하시려고 하나님께서 그리스도 예수 안에서 우리를 만드셨습니다." 이 구절에서 '만드신 바'라고 번역된 헬라어 원문은 '포이에마'(poiema)로, 여기서 영어의 'poem', 즉 '시'가 유래되었다. 많은 영어 번역에서는 '포이에마'를 'masterpiece', 즉 '걸작품'이라고 번역했다.

세상에는 쉽게 만들어지는 작품은 없다. 우리는 대충 던져진 존재가 아니며, 연습 삼아 대충 만들어본 습작품도 아니다. "우리는 하나님의 걸작품이다." "우리는 최고의 시인이신 하나님의 걸작품 시이다." 기존 상품은 새 제품이 나오면 쓸모가 없어지기 쉽다. 그러나 작품은 다르다. 시간이 흘러 손때가 묻을수록 그 진가를 발휘하는 것이 작품이다.

아무리 뛰어난 예술품도 절반의 완성이라는 말이 있다. 나머지 절반의 완성은 그 작품을 아끼고 사랑하는 사람의 몫이다. 하나님이 아무리 위대한 작품으로 창조하셨더라도 우리가 스스로를 싸구려 상품처럼 여기고 살아간다면, 하나님과 우리 자신을 모독하는 것이다. 우리는 상품이 아니라 하나님의 걸작품이다. 따라서 우리는 스스로를 함부로 평가하는 것을 주의해야 한다.

또한 우리는 다른 사람들을 판단하는 데 조심해야 한다. 하나님은 가장 위대한 예술가이시며, 그분이 만드신 작품인 사람을 함부로 평가하는 것은 무례한 행위이다. 하나님이 창조하신 인간을 얼굴이 못생겼다거나, 키가 작다거나, 뚱뚱하다고 평가하는 것은 그를 창조하신 하나님을 모욕하는 것이다. 만약 남의 아이를 보고 못생겼다고 한다면, 기분 좋을 부모는 없을 것이다.

지금 생각해 보면 아찔한 순간이 떠오른다. 부목사 시절, 결혼한 지 얼마 되지 않아 기도원에 갈 일이 있었다. 그냥 가면 좋을 것을 아내에게 무심코 "당신은 얼굴이 왜 그렇게 못 생겼냐?"고 말했다. 농담 삼아 한 말이었지만 아내의 심기를 건드렸다. 그런데 아내는 화를 내기보다는 상냥한 목소리로 "지금 당신은 목사로서 감히 하나님의 작품을 모독한 죄를 범했습니다. 기도원에 올라가시는 김에 회개를 많이 하고 내려오십시오."라고 말했다.

그렇다. 누가 감히 미켈란젤로나 레오나르도 다빈치의 작품들을 함부로 평가할 수 있겠는가? 누가 김소월의 시 "진달래 꽃"을 임의로 개작할 수 있는가? 누가 베토벤의 운명 교향곡이나 헨델의 메시아를 제 맘대로 편곡할 수 있겠는가? 마찬가지로, 하나님이 심혈을 기울여 만든 작품인 바로 여러분을 누가 함부로 판단할 수 있겠는가? 그 누구도 함부로 판단할 수 없다.

시편 139:13-14   주께서 내 내장을 지으시며 나의 모태에서 나를 만
                 드셨나이다 내가 주께 감사하옴은 나를 지으심이
                 심히 기묘하심이라 주께서 하시는 일이 기이함을
                 내 영혼이 잘 아나이다

하나님은 사람을 신묘막측하게 아름답게 만드셨다. 하나님은 위대한 예술가이시며, 사람의 얼굴 하나하나가 그의 독창적인 작품이다. 그러므로 우리는 타인의 외모를 함부로 판단해서는 안 된다. 또한 스스로도 하나님의 작품이라는 사실을 기억해야 한다. 우리는 실패작이 아니라, 하나님이 정성껏 창조한 걸작품이다.

프란시스 쉐이퍼(Francis A. Schaeffer)가 "인간은 죄인이며, 동시에 훌륭한 존재이다."라고 한 말에 동의한다. 그러나 사람들 중에는 자신을 쓰레기처럼 여기고, 가치 없는 사람으로 취급하는 이들도 있다. 이러한 태도는 그를 창조하신 하나님을 슬프게 하는 것이다.

쉐이퍼 목사님이 대학가에서 복음 집회를 열고 있었다. 그 집회에 몹시 남루한 옷을 입고, 오랫동안 목욕을 하지 않은 한 히피 청년이 꾸준히 참석했다. 마지막 날, 쉐이퍼는 그 청년에게 집회에 참여한 소감을 물었다. 청년은 대답하기를 "목사님의 설교는 훌륭하지만, 나는 목사님이 나를 쓰레기처럼 여긴다고 생각했습니다."라고 했다.

그때 쉐이퍼 목사는 정색을 하며 말했다. '형제여, 내가 누구라고 감히 하나님의 형상을 지닌 당신을 쓰레기처럼 여길 수 있겠습니까? 당신은 하나님께서 가장 귀하게 여기시는 분이며, 나 역시 그렇게 여깁니다.'라고 답했다.

사람이 어떤 물건을 살 때, 그 물건에 대해 지불한 값이 곧 그 물건의 가치가 된다. 우리는 가치 없는 것이라면 소홀히 취급한다. 예를 들어, 쓸모없어진 종이는 매일 쓰레기통에 버려지지만, 그 종이에 정부의 도장이 찍히고 '50,000원'이라는 숫자가 적혀 있다면 결코 쓰레기로 취급되지 않는다. 비록 구겨지고 오물이 묻었을지라도 그 가치는 변하지 않는다. 그렇다면 우리의 가치는 얼마나 될까?

김동길 교수는 그의 책 「길을 묻는 그대에게」에서 사람의 가치에 대해 이렇게 설명했다. 사람의 영혼이 빠진 육체는 고작 1달러 50센트밖에 되지 않는다. 우리나라 돈으로 환산하면 약 2,000원 정도밖에 되지 않는 것이다. 우리의 가치를 알기 위해서는 하나님이 우리를 구원하기 위해 지불하신 대가를 보면 알 수 있다. 하나님께서 당신과 나를 위해 지불하신 대가는 바로 '예수'이다.

고린도전서 6:20	너희 몸은 너희가 하나님께로부터 받은바 너희 가운데 계신 성령의 전인 줄을 알지 못하느냐 너희는 너희 자신의 것이 아니라 값으로 산 것이 되었으니 그런즉 너희 몸으로 하나님께 영광을 돌리라
베드로전서 1:18-19	너희가 알거니와 너희 조상이 물려 준 헛된 행실에서 대속함을 받은 것은 은이나 금 같이 없어질 것으로 된 것이 아니요 오직 흠 없고 점 없는 어린 양 같은 그리스도의 보배로운 피로 된 것이니라.

맞다. 하나님이 우리를 위해 지불하신 값은 금전적인 차원을 훨씬 넘어선다. 다이아몬드나 진주 같은 귀한 보석이나 귀금속을 대수롭지 않게 사용하는 사람은 없듯이, 하나님께서 우리를 구속하기 위해 지불하신 값은 그 무엇과도 비교할 수 없다.

우리의 가치는 예수님의 생명으로 결정되었다. 하나님께서는 우리를 죄와 형벌로부터 구속하기 위해 자신의 아들 예수님의 생명을 희생하셨다. 이는 우리가 예수님만큼의 가치가 있다는 것을 의미한다. 다시 말해, 우리는 '예수님짜리'의 가치를 지니고 있다. 이 가치에 대한 하나님의 선언은 확고하고 진정한 것이다. 우리는 하나님께서 우리에게 부여하신 그 가치를 믿고 받아들여야 한다.

성경은 우리가 아직 죄인이었을 때도 그리스도께서 우리를 위해 죽으셨다고 말한다. 이는 우리가 가치가 있어서가 아니라, 하나님께서 우리를 진정으로 사랑하시기 때문에 그렇다. 하나님은 우리가 어떤 사람인지 알고도, 우리를 예수님의 생명과 맞바꾸어 사셨다. 이 사실을 이해하고 받아들인다면, 우리는 하나님께서 있는 그대로의 우리를 사랑하셨다는 것을 알 수 있다.

우리는 하나님의 형상을 지닌 존재이자, 예수님의 피로 값 지불된 소중한 존재다. 이 진리를 의심하지 말고 받아들여야 한다. 하나님께서는 우리를 그 어떤 조건이나 자격이 아니라, 무조건적으로 사랑하셨다. 그러므로 우리는 우리의 가치를 발견하고, 그 가치에 걸맞은 삶을 살아야 한다.

한 소년이 온갖 기술과 정성을 쏟아 나무를 자르고 돛을 달아 예쁘게 모형배를 만들었다. 소년은 완성된 배를 강물에 띄웠고, 강물에 뜬 배는 정말 훌륭했다. 소년의 가슴은 뿌듯했다. 그러나 갑자기 배가 강 한 가운데서 급한 물살에 휩쓸려 강 하류 쪽으로 떠내려가는 것이 아닌가?

소년은 강을 따라 힘껏 뛰었지만, 배는 이내 소년의 시야에서 사라져 버렸다. 애써 만든 배를 잃은 소년은 며칠 동안 강가를 뒤졌지만 배는 보이지 않았다.

어느 날, 소년은 상점의 진열장에 놓여 있는 모형배 하나를 발견했다. 그 배를 보는 순간 소년은 깜짝 놀랐다. 왜냐하면 그 배는 조금 망가지긴 했지만, 소년이 만든 배였기 때문이다. 소년은 상점에 들어가서 주인에게 "아저씨, 저 배는 제 것입니다. 제가 만든 거예요."라고 소년이 말했다. "얘야, 안됐지만 이 배는 오늘 아침에 어떤 사람에게서 샀단다. 저 배를 꼭 갖고 싶다면 10만원을 주고 가져가거라."라고 상점 주인이 대답했다. 소년은 집으로 돌아가 가지고 있던 모든 돈을 모았다. 돈은 정확히 10만원이었다. 소년은 다시 상점으로 달려가 "아저씨, 10만원 여기 있어요. 어서 배를 돌려주세요." 소년이 배를 사서 상점 문을 나설 때, 그는 감격하며 말했다. "이제 너는 다시 내 것이 되었구나. 처음에는 내가 너를 만들었고, 이제는 값을 주고 산 거야." 배를 다시 찾은 날, 소년은 배를 끌어안고 얼굴에 비비며 얼마나 기뻐했는지 모른다.

어떤 물건이 내 것이 되기 위한 세 가지 방법은 다음과 같다. ① 내가 직접 만들었거나, ② 내가 돈을 주고 샀거나, ③ 누군가로부터 선물을 받았을 때이다.

그렇다. 모든 사람은 하나님의 정성 어린 피조물이다. 하나님은 사랑의 대상으로 우리를 자신의 형상대로 창조하셨다(창세기 1:26, 27). 그러나 우리는 잃어버린 배와 같이, 죄로 인해 하나님을 떠나게 되었다. 하나님을 떠난 우리는 사탄의 지배를 받게 되었고, 우리가 원치 않는 죄를 범하며 살게 되었다. 사랑의 하나님께서는 잃어버린 우리를 찾기 위해 사랑하는 외아들 예수 그리스도를 이 세상에 보내셨다.

예수님은 십자가 위에서 우리가 받아야 할 죄에 대한 형벌을 대신 받아주셨다. 예수님이 흘리신 핏값으로 하나님께서 우리를 다시 사주셨다. 이것은 하나님께서 우리를 찾기 위해 치르신 엄청난 대가였다. 예수님은 우리의 죄를 대신하여 죽으셨고, 사흘 만에 다시 살아나셨다. 이제 이 사실을 믿는 사람은 누구든지 심판받지 않고 하나님의 자녀가 되게 해 주신다고 약속하셨다.

누가복음 19:10   인자의 온 것은 잃어버린 자를 찾아 구원하려 함이니라

요한복음 1:12   영접하는 자 곧 그 이름을 믿는 자들에게는 하나님의 자녀가 되는 권세를 주셨으니

이사야 43장 1-4절을 보니 '하나님은 우리를 창조하셨고, 구속하셨다'고 하신다.

이사야 43:1-4   야곱아 너를 창조하신 여호와께서 지금 말씀하시느니라 이스라엘아 너를 지으신 이가 말씀하시느

니라 너는 두려워하지 말라 내가 너를 구속하였고
내가 너를 지명하여 불렀나니 너는 내 것이라 네가
물 가운데로 지날 때에 내가 너와 함께 할 것이라
강을 건널 때에 물이 너를 침몰하지 못할 것이며
네가 불 가운데로 지날 때에 타지도 아니할 것이요
불꽃이 너를 사르지도 못하리니 대저 나는 여호와
네 하나님이요 이스라엘의 거룩한 이요 네 구원자
임이라 내가 애굽을 너의 속량물로, 구스와 스바를
너를 대신하여 주었노라 네가 내 눈에 보배롭고 존
귀하며 내가 너를 사랑하였은즉 내가 네 대신 사람
들을 내어 주며 백성들이 네 생명을 대신하리니

구속이라는 말은 돈을 주고 샀다는 의미이다. 2000년 전, 예수 그리
스도께서는 죄의 노예가 되었던 우리에게 자유를 주시기 위해 자신의
핏값을 치르고 우리를 사셨다. 그러므로 우리는 하나님의 것이다. 하나
님은 우리를 자신의 소유로 삼아 주시고, 사랑하실 뿐만 아니라 끝까지
책임을 지신다.

이사야 43장 4절을 보라. "네가 내 눈에 보배롭고 존귀하며." 이 말씀
을 믿기를 바란다. 이 구절에는 하나님의 진심이 담겨 있다. 하나님 보
시기에 우리는 어떤 존재인가? 보배로운 존재, 존귀한 존재, 사랑스러운
존재라고 하신다. 이것이 하나님의 본심이다. 하나님은 사랑하는 독생

자 예수를 우리를 대신해서 내어주실 만큼 우리를 사랑하셨다. 하나님은 여전히 우리를 보배롭고 존귀하게 여기신다.

하나님이 나를 이토록 사랑하신다면, 우리도 우리 자신을 사랑해야 한다. 그런데 여전히 자신을 미워하고 소중히 여기지 않는다면, 이는 하나님에 대한 불신이며, 하나님의 마음을 아프게 하는 것이다. 자녀가 계속해서 '나는 실패자야', '나는 뭘 해도 안 될 거야', '나를 좋아하는 사람은 한 명도 없을 거야', '나는 가치 없는 인간이야'라고 한다면, 그 부모는 얼마나 속상하겠는가? 하나님께서도 마찬가지이다. 나를 너무 사랑한다고 하시고, '너는 나에게 소중하다'고 반복해서 말씀하시는데, 나는 실패자라고 하고, 쓸모없는 인간이라고 하며, 아무에게도 사랑받지 못한 인간이라고 한다면, 하나님의 마음은 어떻겠는가?

우리는 가치 있게 만들어졌기에 가치가 있을 뿐만 아니라, 그리스도의 십자가와 우리에 대한 그분의 사랑으로 더 큰 가치를 지니고 있다. 우리는 창조되고 구원받았기 때문에 더욱 가치 있는 존재이다. 창조적 가치와 구속적 가치를 동시에 가지고 있다. 비록 우리가 죄를 지었을지라도, 우리는 여전히 하나님께 소중한 존재이다.

마귀는 계속해서 우리에게 "너는 용서받지 못할 죄인이야, 너는 쓰레기야, 너는 실패자야, 아무도 너를 사랑하지 않아"라고 거짓말한다. 속지 말라. 우리 하나님은 예수님을 내어주고 우리를 구속하셨기에 우리를 너무나 사랑스럽게 여기신다. 뿐만 아니라 우리는 하나님에게 기쁨의 대상이다. 성경에 분명히 그렇게 기록되어 있다.

시편 16편 3절에 "땅에 있는 성도들은 존귀한 자들이니, 나의 모든 즐거움이 그들에게 있다"고 하신다. 여기서 '존귀하다'는 것은 "가치가 있다"는 뜻이며, "크고 위대하다"는 의미를 담고 있다. 하나님의 모든 즐거움이 그들에게 있다고 하신다. 그렇다, 우리는 하나님께 존귀한 자들이며, 하나님의 모든 기쁨이 바로 우리에게 있다는 사실을 반드시 기억하자.

이사야 62장 4-5절에 하나님께서는 이스라엘을 향하여 기뻐하는 자라고 하셨다.

이사야 62:4 오직 너를 헵시바라 하며 네 땅을 뿔라라 하리니

하나님께서는 이스라엘 백성들에게 새로운 이름을 지어주셨다. 그들을 향하여 '헵시바'와 '뿔라'라 부르겠다고 하셨다. '헵시바'라는 이름은 '나의 기쁨이 그에게 있다'는 뜻이다.

5절에서는 '하나님께서 신랑이 신부를 기뻐함같이 네 하나님이 너를 기뻐하시겠다'고 하신다. 신부가 신랑에게 얼마나 예쁘고 사랑스러운지 아는가? 이처럼 우리가 바로 하나님께 사랑의 대상이라는 사실을 잊지 말아야 한다. 하나님은 우리를 기뻐하신다.

스바냐 3:17   너의 하나님 여호와가 너의 가운데에 계시니 그는 구
               원을 베푸실 전능자이시라 그가 너로 말미암아 기쁨
               을 이기지 못하시며 너를 잠잠히 사랑하시며 너로 말
               미암아 즐거이 부르며 기뻐하시리라 하리라

하나님은 당신의 백성들을 잠잠히 사랑하시고 기뻐하신다. 하나님은
당신의 백성들로 인해 즐거워하시고 기뻐하신다. 오늘 예수 그리스도를
믿는 사람들을 사랑하시고 그로 인해 노래하시고 기뻐하신다.

마태복음 3장 17절은 예수님께서 30세에 하나님의 아들로서 세례를
받으실 때의 장면을 기록하고 있다. 예수님이 세례요한에게 세례를 받
으실 때, 하늘에서 음성이 들려왔다. "하늘로부터 소리가 있어 말씀하시
되 이는 내 사랑하는 아들이요 내 기뻐하는 자라 하시니라." 예수께서는
이 음성을 기억하고 있었으며, 하나님께서 자신을 얼마나 사랑하시는지
를 반복해서 말씀하셨다. 예수님은 건강한 자아상을 소유하고 계셨다.

"이는 내 사랑하는 아들이요 내 기뻐하는 자라"는 음성은 오늘 우리
에게 주시는 하나님의 말씀이다. 우리가 그리스도 안에 있을 때, 우리는
새로운 피조물이 되었기 때문에 이 말씀은 예수 안에 있는 모든 사람에
게도 해당되는 말씀이다.

개인적으로 이 구절이 특별하게 나에게 다가왔던 때가 세 번 있었다.
첫 번째는 내가 경건의 시간(Q.T)에 이 말씀을 묵상하던 중, 마치 하나

님께서 직접 나에게 하신 말씀처럼 느껴졌을 때였다. 두 번째는 내가 목사 안수를 받을 때, 당시 설교자로부터 들은 말씀이었다. 세 번째는 결혼 전에 아내가 장래의 남편이 어떤 사람인지 하나님께 기도했을 때, 하나님께서 아내의 기도에 응답으로 주신 말씀이었다.

이렇듯 내게 특별하게 다가온 이 말씀이 여러분에게도 특별한 말씀이 되기를 바란다. 나는 지금도 하나님께서 말씀하신 "너는 내 사랑하는 아들이요 내 기뻐하는 자라"는 이 말씀을 마음에 간직하고 있다. 나를 향한 하나님의 생각에 대해 얼마나 감사한지 모른다. 그래서 지금도 그 기대에 어긋나지 않도록 최선을 다하고 있다. 나뿐만 아니라 이 말씀이 당신에게도 동일한 말씀이 되기를 바란다.

하나님이 예수님을 사랑하셨듯이, 예수님도 우리를 사랑하신다.

요한복음 15:9 아버지께서 나를 사랑하신 것 같이 나도 너희를 사랑하였으니 나의 사랑 안에 거하라
요한복음 17:23 곧 내가 저희 안에, 아버지께서 내 안에 계셔 저희로 온전함을 이루어 하나가 되게 하려 함은 아버지께서 나를 보내신 것과 또 나를 사랑하심 같이 저희도 사랑하신 것을 세상으로 알게 하려 함이로소이다

우리가 꼭 기억해야 할 것이 있다. 그것은 우리는 주님에게 사랑의 대상이요 기쁨의 대상이라는 사실이다. 이 사실을 확신할 때, 우리의 자존

감은 분명 높아질 것이다. 우리는 참으로 소중한 사람이다. 우리는 하나님에게 특별한 존재이다.

"그대는 남의 손끝에서 놀기 위해 태어난 것도, 군중의 일원이 되기 위해 태어난 것도 아니다. 그대는 그대만이 이룩할 수 있는 특유한 인간이 되기 위해서 태어난 것이다. 그대를 제쳐놓고 땅 위의 아무도 그대가 될 수 있는 그 인간은 될 수 없다오."
-슈나이더-

4. 그리스도 안에 있으면 새로운 피조물이다

20세기를 대표하는 미술가 중 하나로 꼽히고 현대 미술의 거장으로 인정받고 있는 파블로 피카소(Pablo Picasso)는 천재 예술가이다. 그의 작품 중 '황소 머리'가 탄생하게 된 일화가 있다.

어느 날, 피카소는 파리의 길거리에 버려진 지 오래된 낡은 자전거를 발견했다. 유심히 자전거를 바라보던 그는 곧장 작업실로 가져가 자전거의 안장과 핸들을 떼어내곤, 안장 위에 핸들을 거꾸로 붙였다. 이렇게 만들어진 조형물에 청동을 입히자, 갸름한 안장은 황소의 얼굴처럼 보였고, 길고 구부러진 핸들은 황소의 뿔처럼 착각할 정도였다.

피카소는 이 조형물을 완성한 후 '황소 머리'라는 이름을 붙이며 매우 흡족했다. 이후 '황소 머리'는 피카소의 예술성과 독창성이 잘 드러난 것으로 평가받아, 1990년대 런던 경매시장에서 293억 원이라는 거액에 팔렸다.

> 보잘것없는 쓰레기도 위대한 가능성을 지닌 예술품의
> 재료다. - 피카소 -

그렇다, 하나님은 위대한 시인이시며, 화가이시며, 예술가이시다. 우리는 죄로 인해 엉터리 인생을 그렸지만, 하나님은 아름다운 인생으로 바꾸시는 분이시다. 우리는 쓰레기처럼 버려졌지만, 하나님의 손 안에서 새로운 피조물이 되었다. 멋진 작품이 되었다.

우리가 보기에는 우리 인생이 아무것도 아닌 것 같아도, 하나님의 손에 들려지면 아름다운 작품으로 탈바꿈한다. 때로 우리 인생이 우리가 예상한 그림이 아닐 수도 있다. 내가 원하는 그림이 아닌 경우도 있을 수 있다. 실패한 그림이라고 결론 내릴

지도 모른다. 그러나 어떤 인생이라도, 우리의 인생이 하나님의 손을 통해 아름다운 인생으로 바뀔 것이다. 왜냐하면 하나님은 위대한 예술가이시기 때문이다.

그리고 아직 작품이 완성되지 않았으니 조급해하지 말자. 우리는 지금 아름답게 그려가고 있는 중이다.

캐나다의 루스 우스터만이라는 화가는 낙서를 예술작품으로 만드는 놀라운 예술을 선보였다. 그녀는 3~4살짜리 딸이 도화지에 낙서를 하면, 그 낙서를 가지고 색칠을 해서 아름다운 그림으로 변화시킨다. 낙서해서 볼 품 없던 모습이 엄마의 손에 의해 예술작품으로 탄생한 것이다.

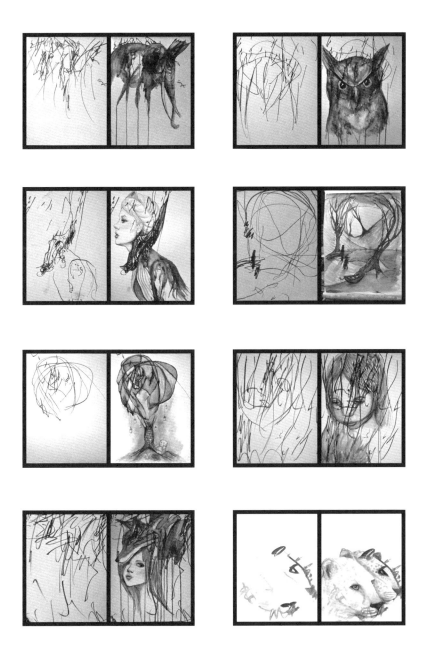

그렇다. 하나님은 우리의 '낙서를 예술작품으로' 만드시는 분이시다. 사람은 누구라도 하나님의 손에 붙들리면 위대한 인물로 바뀌게 된다.

그러므로 아무리 실패한 인생이라도 포기하기에는 아직 이르다. 구약 성경 창세기 50:15-26에는 믿음의 조상 아브라함의 손자 야곱의 장례 식에서 있었던 일을 기록하고 있다. 아버지 야곱의 장례식을 마친 후, 요셉의 형들은 두려움에 떨기 시작한다. 이는 과거에 동생 요셉을 미워 하여 애굽에 노예로 팔았던 죄 때문이었다. 15절에는 "요셉의 형제들이 그 아비가 죽었음을 보고 말하되 요셉이 혹시 우리를 미워하여 우리가 그에게 행한 모든 악을 다 갚지나 아니할까?"라고 하며 형제들이 두려 운 마음에 서로 의논하는 장면이 기록되어 있다.

형제들이 요셉을 애굽에 팔고 나서 22년이 지났으며, 이후 애굽에서 생활한 지 17년이 지나 도합 근 40년이 흘렀지만, 형제들은 여전히 죄의 식에서 벗어나지 못하고 있었다. 예부터 "맞은 자는 발 뻗고 자도, 때린 자는 그렇지 못한 법"이라고 했다. 요셉의 형제들은 동생의 보복을 두려 워하여 이렇게 관용을 청한다. "당신의 아버지가 돌아가시기 전에 명하 여 이르시기를 너희는 이같이 요셉에게 이르라 네 형들이 네게 악을 행 하였을지라도 이제 바라건대 그 허물과 죄를 용서하라 하셨다 하라 하셨나니"(16절). 실제로 야곱이 이런 유언을 했는지 확실하지 않다. 형제들은 다른 방법이 없었기 때문에 돌아가신 아버지의 이름을 팔아 호소한 것이다. 이런 형제들의 모습을 보며 요셉은 울었다고 기록되어 있다. 요셉은 이미 다 용서했지만, 그 오랜 세월을 불안과 두려움 그리고 죄책감 속에서 살아온 형들이 안타까웠기 때문일 것이다.

요셉의 형들은 요셉 앞에 엎드려 "우리는 당신의 종이니이다"라고 말한다. 형들임에도 불구하고 스스로를 동생의 종이라 자처하는 모습은 자신들이 동생에게 몹쓸 짓을 한 것에 대한 깊은 후회와 뉘우침을 담고 있는 고백이다. 그러나 요셉은 도리어 형제들을 위로하며 하나님의 섭리를 이야기하고 용서를 선포한다. "당신들은 나를 해하려 하였으나 하나님은 그것을 선으로 바꾸사 오늘과 같이 만민의 생명을 구원하게 하시려 하셨나니." 요셉의 형제들은 요셉을 미워하며 애굽의 노예로 파는 악을 저질렀으나, 하나님은 그 악을 바꾸어 이스라엘과 애굽에 있는 만민의 생명을 구원하는 선으로 바꾸셨다는 것이다.

요셉과 관련하여 보디발 장군과 그의 아내를 배제할 수 없다. 보디발 장군의 아내는 요셉을 유혹해 죄를 짓게 하려 했지만 실패하자, 죄 없는 요셉을 무고하여 감옥에 가게 만든 장본인이다. 요셉이 총리가 되었을 때, 그 여인과 그의 남편 보디발 장군은 어떤 심정이었을까? 얼마나 두려웠을까? 그러나 요셉은 그들에 대해 한 마디도 언급하지 않은 것으로 보아 이미 용서했으리라 짐작할 수 있다. 왜냐하면 그것 또한 모든 것이 합력하여 선을 이루는 과정이기 때문이다.

그렇다. 이것이 하나님께서 일하시는 방식이다. "우리가 알거니와 하나님을 사랑하는 자, 곧 그 뜻대로 부르심을 입은 자들에게는 모든 것이 합력하여 선을 이루느니라"(로마서 8:28). 여기 '모든 것'은 좋은 점과 나쁜 점, 우리의 실수와 잘못과 연약함을 모두를 포함한다.

내 인생이 실패작이라는 생각이 드는가? 비록 우리 인생이 실패했을지라도 하나님은 그것을 이용하여 작품을 만드신다는 사실을 기억하자. 내 인생이 엉망이라는 생각이 드는가? 비록 우리 인생이 엉망일지라도 하나님은 그것을 선으로 바꾸실 것을 믿어야 한다. 그러므로 누구든지 그리스도 안에 있으면 새로운 피조물이라는 사실을 믿어야 한다.

5. 자신의 모습으로 살아가라

사람이 자신을 지나치게 과소평가하는 것과 과대평가하는 것 둘 다 정상적이지 않다. 어떤 사람들은 있는 그대로의 자신을 받아들이지 못하고, 더 나은 모습으로 포장하려고 한다. 약점이 드러날 만한 행동은 하지 않아야 한다는 생각이 있다. 이런 생각을 가지고 있으면 다른 사람과의 만남에서 부자연스러움이 나타난다.

그래서 때때로 자신의 참모습을 가리기 위해 가면을 쓴다. 다른 사람들에게 인정받고 칭찬받기 위해 외모나 업적, 좋은 모습으로 꾸미기 원한다. 이런 것들은 다만 자기 안에 있는 연약함을 감싸기 위한 껍질에 불과하다.

파커 J. 파머가 쓴 『삶이 내게 말을 걸어올 때』에서 "나 이제 내가 되었네"라는 시를 소개하고 있다.

나 이제 내가 되었네
여러 해, 여러 곳을 돌아다니느라
시간이 많이 걸렸네
나는 이리저리 흔들리고 녹아 없어져
다른 사람의 얼굴을 하고 있었네....

이 글에서는 사람들이 본연의 자기 모습을 가지고 있지만, 그것을 잘

개발하기보다는 다른 사람들을 부러워하며 그들처럼 되려고 한다는 점을 지적하고 있다. 사람은 누구나 천부의 재능을 타고 이 땅에 태어나지만, 인생의 절반을 그 재능을 내버리거나 다른 사람들의 말에 미혹되어 잊어버리고 살아간다.

가정, 학교, 직장, 종교 단체에서 우리는 참자아를 버리고 사회적인 기준에 맞추어 살아가도록 교육받는다. 그 결과, 자기 것이 아닌 남의 얼굴의 가면을 쓰고 살아가게 된다. 세상은 우리에게 "너는 왜 성공한 사람처럼 살지 못하느냐?"고 핀잔을 주고, 부모님은 "다른 아이는 대학에 들어갔는데 왜 너는 못 들어갔느냐?"고 몰아붙인다. 이로 인해 본연의 자기 모습으로 살아가기보다는 다른 사람처럼 되기 위해 힘쓰게 된다. 결국, 자신의 본 얼굴은 사라지고 다른 사람으로 살아가게 된다.

유대인 랍비가 죽어서 하나님 앞에 갔다. 랍비는 하나님께 죄송하다고 하면서 이렇게 말했다. "하나님, 저는 민족의 해방자 모세처럼 살지도 못했고, 예언자 엘리야처럼 살지도 못했습니다. 용서해 주시기 바랍니다." 그러자 하나님이 말씀하셨다. "너의 잘못은 모세처럼 살지 못하고 엘리야처럼 살지 못한 것이 아니라, 너답게 살지 못한 것이 잘못이다."

그렇다. 우리 모두는 각자의 아름다움이 있고, 각자의 길이 있다. 그 아름다움에 감사하며 자신의 길을 걸어갈 때, 하나님께 영광을 돌리는 삶을 살 수 있다. 자신의 삶을 살지 않고 끝없이 비교하며 산다면 그것은 최고의 비극이다. 하나님을 영화롭게 하는 것은 멋져 보이는 '누군가'의 사명을 흉내 내는 것이 아니라, '나'에게 주신 사명을 다할 때 이루어진다. 하나님을 영화롭게 하는 삶은 복사본이나 모조본이 아니라, 원본으로 사는 삶이다.

'토끼와 거북이' 경주에서 이긴 거북이는 하나님께 혼이 났다.
"거북아, 왜 땅에서 토끼와 경주를 했니? 토끼가 부러웠니?"
"땅은 네 그라운드가 아니잖아, 바다에서 너는 누구보다도 우아하게 헤엄칠 수 있잖니? 너는 토끼가 아닌 거북이로 있을 때 가장 멋지단다."

우리가 가장 본받아야 하는 예수님의 아름다움은 이 고백에 담겨 있다. "아버지께서 내게 하라고 주신 일을 내가 이루어 아버지를 이 세상에서 영화롭게 하였사오니" (요한복음 17:4). "내게 하라고 주신 일을 내가 이루었습니다!"라는 고백은, 인생을 결산하는 날에 우리가 할 수 있는 가장 영광스러운 고백이다.

우리는 모두 서로 다른 개체이다. 내가 남과 다르다고 해서 잘못된 것도 아니고, 남들과 비슷하다고 해서 잘못된 것도 아니다. 우리는 어떤 면에서는 남들과 비슷할 수도 있고, 아주 다를 수도 있다.

고린도전서 12:27-30 너희는 그리스도의 몸이요 지체의 각 부분이라 하나님이 교회 중에 몇을 세우셨으니 첫째는 사도요 둘째는 선지자요 셋째는 교사요 그 다음은 능력을 행하는 자요 그 다음은 병 고치

> 는 은사와 서로 돕는 것과 다스리는 것과 각종 방언을 말하는 것이라 다 사도이겠느냐 다 선지자이겠느냐 다 교사이겠느냐 다 능력을 행하는 자이겠느냐 다 병 고치는 은사를 가진 자이겠느냐 다 방언을 말하는 자이겠느냐 다 통역하는 자이겠느냐

우리는 종종 남들과 비슷해지려는 마음을 가지며, 사회적으로 소외되지 않고 결속되기를 바란다. 그러다 보면 자신의 개성을 잃어버리기도 한다. 자신을 있는 그대로 이해하고 받아들이며, 장점은 더욱 살리고 단점은 고쳐나가는 것이 중요하다. 그럴 때 우리의 자존감은 자연스럽게 상승할 것이다.

6. 먼저 사랑을 받아야 사랑할 수 있다

　기형도 시인의 "질투는 나의 힘"에서 시인은 그동안 자기 자신을 사랑하지 않았음을 자책하며 다음과 같이 후회 섞인 고백을 한다.

　나의 생은 미친 듯이 사랑을 찾아 헤매었으나
　단 한 번도 스스로를 사랑하지 않았노라

　시인은 이제까지 사랑하는 사람을 밖에서 부지런히 찾아 헤매었으나, 정작 자신을 사랑하지 못했다는 자조 섞인 말을 하고 있다. 사람은 사랑을 받아야 한다. 사랑을 받아야 그 사랑을 나누어 줄 수 있다. 누군가를 사랑하기 전에 먼저 사랑이 충전되어야 한다. 사랑이 충전되기 위해서는 사랑을 많이 받아야 한다. 사람은 사랑을 충분히 받아야 자존감이 높아진다. 반대로, 사랑을 충분히 받지 못하면 자존감이 떨어지고 대인관계도 원만하지 못하게 된다.

　애니메이션 영화 『겨울왕국』에서 등장하는 엘사는 화려한 얼음 공주로, 얼음을 만드는 놀라운 능력을 가지고 있다. 그러나 이 능력이 두려워 어린 시절부터 고립된 생활을 하게 된다. 사람들로부터 두려운 존재가 되어 방에 갇혀 지내게 된 것이다. 동생 안나는 언니의 방문을 두드리며 얼어 있는 언니의 마음을 녹여주고 싶어 하지만, 쉽게 열어주지 않는다. 조금 커서는 언니 엘사가 그 마을을 떠나 고립된 산꼭대기에서 얼음왕국을 건설하며 살려고 떠나게 된다. 그때 부르는 노래가 유명하다. "

이럴 바에는 혼자 살 거야, 저기서 내 마음대로 살 거야." 이 노래의 가사 중 '렛잇고(Let it go)'는 '신경 꺼, 다 잊어, 더 이상 말하지 마, 지난 일을 신경 쓰지 마'라는 의미로, 속박하고 있는 것들을 내려놓는다는 뜻이다.

동생 안나는 모진 고난을 겪으면서 결국 언니를 찾아가게 되고, 마침내 엘사가 안나의 사랑을 받아들이면서 빙하처럼 얼어 있던 엘사의 영혼이 사랑의 힘으로 녹아내린다. 이후 엘사는 아름답고 능력 있는 여왕으로 재탄생하게 된다. 이 『겨울왕국』의 주인공은 엘사가 아니라 동생 안나인 것처럼 느껴진다. 이 영화는 사랑을 받는 것이 얼마나 중요한지를 우리에게 일깨워준다. 그렇다. 사랑을 받은 사람만이 사랑할 줄 안다.

스티브 비덜프의 『3살까지는 엄마가 키워라』에서 저자는 아기가 세상에 태어나서 3살까지 무슨 일이 일어나는지를 오랜 시간에 걸친 관찰과 과학적인 연구 결과, 논문을 통해 이야기하고 있다. 결론은 사랑을 많이 받고 자란 아이가 머리가 좋다는 것이다. 아기의 두뇌 구조는 6개월에서 12개월 사이에 가장 폭발적으로 성장하는데, 흥미로운 점은 '느끼는 뇌'의 부분이 먼저 자라고, 그 기반 위에 '생각하는 뇌'가 자란다는 것이다.

이 때문에 '단 한 사람으로부터 오는 넉넉한 관심과 사랑으로 인한 행복한 느낌'을 충분히 받고 자란 아이들은 '생각하는 뇌'도 잘 자란다고 한다. 따라서 사랑을 많이 받고 자란 아이들일수록 머리가 좋다는 것은 과학적으로 증명된 사실이다. 자존감은 '사랑받은 기억들의 열매'이다.

유아 시절 부모나 부모 같은 존재로부터 충분한 사랑을 받은 기억이 있는 사람은 자존감이 튼튼하다. 유아기에 부모의 헌신적이며 무조건적인 사랑을 충분히 받았던 사람은 성인이 되어서도 자신이 가치 있는 사람이라는 것을 확신한다. 자존감이 낮은 사람은 어린 시절 충분한 사랑을 받지 못했다고 볼 수 있다. 반면, 자존감이 높은 사람은 어린 시절 충분한 사랑을 받았다고 볼 수 있다.

아이들만 봐도 그렇다. 집에서 충분히 사랑받는 아이는 밖에서 굳이 다른 사람들에게 잘 보이려고 하지 않는다. 반면, 집에서 충분한 사랑을 받지 못한 아이는 자신의 단점을 가리고 장점을 날조해 주변 사람들에게 관심과 인정을 받으려 애를 쓴다.

그렇다면 어린 시절 충분히 사랑을 받지 못한 사람의 자존감을 어떻게 키울 수 있을까? 과거는 바꿀 수 없다. 그렇다고 삶의 무게를 버텨내느라 힘든 인생을 살았던 부모를 원망한다고 해서 과거를 바꿀 수는 없다. 그럼 방법이 없을까? 자존감의 문제는 사랑의 문제이기에 지금이라도 사랑을 받으면 된다. 진짜 연애를 해보는 것이다.

연애를 하면 자존감이 높아진다. 왜 그럴까? 우선, 누군가가 나를 사랑한다면 그 상대는 자신이 어찌 되든 상관없이 나에게 모든 것을 주고 싶어 한다. 그 사랑은 유아 시절 엄마의 사랑에 가장 가까운 헌신적이고 무조건적인 사랑이다. 동시에, 나 역시 상대를 진심으로 사랑한다면 부모처럼 모든 것을 주고 싶어 한다. 따라서 사랑하고 사랑받는 것이 중요하다.

연애의 경험이 없다 하더라도 절망하기에는 이르다. 소망이 있다. 하나님의 사랑을 받아들이면 된다. 우리가 알지 못할 때에도 우리를 사랑하셨던 분이 계셨다. 그분은 바로 하나님이시다. 성경에는 하나님이 세상을 사랑하셨다고 여러 곳에서 강조하고 있다. 즉, 우리를 사랑하셨다고 강조한다. 이 하나님의 사랑을 받아들일 때, 비로소 우리의 자존감은 높아질 것이다.

> 요한복음 3:17　하나님이 그 아들을 세상에 보내신 것은 세상을 심판하려 하심이 아니요 그로 말미암아 세상이 구원을 받게 하려 하심이라
>
> 로마서 5:8　우리가 아직 죄인 되었을 때에 그리스도께서 우리를 위하여 죽으심으로 하나님께서 우리에 대한 자기의 사랑을 확증하셨느니라.

우리가 하나님의 사랑을 느낄 때, 자신이 얼마나 소중한 사람인지 깨닫게 된다. 그 사랑은 그 어떤 사랑보다 강하다. 자존감을 높이고 싶은가? 그렇다면 사랑을 충전하라. 사랑을 받을 때, 분명 우리의 자존감은 상승하게 될 것이다.

자존감은 자신을 사랑하는 것이라고 하였다. 그러나 어떤 사람들은

자신을 사랑하지 않을 뿐만 아니라 극도로 미워하기도 한다. 그들은 자신을 이렇게 비난한다. "내가 하는 일이 그렇지 뭐", "나 같은 사람을 누가 좋아하겠어", "나는 왜 이 모양일까?", "내가 봐도 나는 한심해." 이렇게 문제만 생기면 온갖 방법을 동원해 자신을 힐난하는 나쁜 습관을 가진 사람들이 있다.

윤홍균은 그의 책《자존감 수업》에서 사람이 자신을 얼마나 사랑하는지가 자존감의 상태를 가늠할 수 있는 중요한 기준이 된다고 하였다. 그래서 자존감을 '자신을 사랑하는 정도'라고 정의하였다. 하나님께서 지금 여기에 있는 나를 사랑하신다는 것은 변할 수 없는 성경의 메시지이다. 그렇다면 하나님께서 그 아들을 주시기까지 그토록 사랑하신 나 자신을 내가 미워해야 한다는 성경 말씀은 어디에도 없다.

자기를 부인하라는 예수님의 말씀은 자기중심적인 죄의 속성에 관한 것이다. 자아를 죽이라는 것이지, 나 자신의 존재 가치를 부인하라는 뜻이 아니다. 나의 존재를 긍정하고 사랑하는 것, 이것이 모든 이웃 사랑의 출발점이다. 마태복음 22장 39절에서 예수께서는 '네 이웃을 네 자신 같이 사랑하라'고 하셨다. 이 말씀은 자기 자신을 사랑하는 그 사랑으로 이웃을 사랑하라는 것이다.

이 말씀은 하나님을 사랑하고 이웃을 사랑할 수 있는 우리의 능력이 우리가 우리 자신을 보고 대우하는 방식과 직접적으로 관련되어 있음을 분명히 보여주고 있다.

메튜 헨리(Matthew Henry)는 이 구절을 "우리가 우리의 몸을 사랑하듯이 참되고 성실하게 이웃을 사랑해야만 한다"고 해석하였다. 또한 워런 위어스비(Warren W. Wiersbe)는 "내 몸을 사랑할 줄 아는 사람만이 타인의 몸을 사랑할 수 있다"고 하였다. 브렌 브라운(Brene Brown)은 "사람은 자신을 사랑하는 것 이상으로 타인을 사랑할 수 없다"고 하였다. 그렇다. 자기 자신을 사랑할 수 없으면 이웃도 사랑할 수 없다.

바울은 에베소교회에 보낸 편지에서 "남편들도 자기 아내 사랑하기를 제 몸같이 할지니 자기 아내를 사랑하는 자는 자기를 사랑하는 것이라"고 쓰고 있다. 에베소서 5장 33절에서는 "자기 아내 사랑하기를 자신같이 하라"고 권면하고 있다. 자기 아내를 사랑하는 것이 자기를 사랑하는 것이라고 말하는 것으로 미루어보아, 건전한 자기사랑이 존재함을 알 수 있다.

자기 아내를 사랑하려면 자기 자신을 사랑하는 것이 필요하다. 자기 몸을 사랑하듯이 아내를 사랑하라는 것은 무엇을 의미할까? 자기 몸이 배가 고프면 음식을 찾아 먹고, 피곤하면 잠을 자고, 춥다면 따뜻한 옷을 입는 것처럼, 자기 몸을 양육하고 보호하듯이 배우자를 사랑하라는 것이다. 이웃 사랑도 마찬가지이다.

만일 사람이 자신을 사랑하지 않는다면, 어떻게 이웃을 자신처럼 사랑할 수 있겠는가? 자기를 혐오하는 사람이 이웃을 사랑할 수 있을까? 명심하라. 나를 사랑하지 않고는 누구도 사랑할 수 없다. 낮은 자존감을 가진 사람은 다른 사람을 사랑할 에너지가 부족하다. 자신도 사랑하지 못하면서 어떻게 다른 사람을 사랑하겠는가? 자신의 삶을 혐오하는 사람이 타인의 삶을 존귀하게 여길 리 만무하다.

그렇다면 자신을 사랑하지 못하는 이유는 무엇일까? 그 원인은 두 가지 측면에서 생각해 볼 수 있다. 첫째로, '현재의 자아'와 자기가 바라는 모습인 '이상적인 자아' 간의 차이가 크기 때문에 현재의 자기를 사랑할 수 없다. 만일 친구들로부터 사랑을 받고 공부도 잘하는 사람이 되고 싶은데, 현실에서는 친구들로부터 따돌림을 당하고 공부도 못한다면, 이는 자기 존중감에 큰 상처를 입게 된다. 이러한 차이가 클수록 '현재의 자아'에 대한 사랑과 수용이 더욱 어려워질 수 있다.

두 번째 이유는 자신을 필요 이상으로 비난하는 자기 패배적 신념을 가지고 있기 때문이다. 우리가 불행한 상황에 처해 있을 경우에만 느끼게 되는 부정적 생각과 달리, 자기 패배적인 신념은 자기 체계의 일부이기 때문에 항상 자기를 비난할 빌미를 찾아 자기 존중감을 떨어뜨린다. 예를 들어, '가치 있는 사람이 되려면 반드시 남들보다 더 나아야 한다'는 것이다. 그런데 실패하게 되면 결국 자신을 무가치하게 생각하게 된다.

《자존감 수업》의 저자 윤홍균은 우리 마음속에 '나(I)'가 세 명 있다고 한다. 첫째는 '자존감 낮은 나', 두 번째는 자존감이 낮은 나를 '다그치는 나', 세 번째는 자존감이 낮은 나를 '사랑하는 나'로 구분된다. 이 세 명의 '나'가 서로 다른 역할을 한다. 그동안 '자존감 낮은 나'와 '다그치는 나'는 서로 싸워왔다. 보통 낮에는 '자존감 낮은 나'가 활동하고, 밤에는 '다그치는 나'가 활동한다. 자존감을 낮춘 채로 일하고, 공부하고, 사람을 만난다. 그러고서 밤이 되면 '다그치는 나'가 깨어나서 "넌 왜 말을 그렇게 하니? 왜 그렇게밖에 행동을 못하니?"라며 비난한다. '자존감 낮은 나'는 점점 위축되어 자존감이 더욱 낮아진다. 이 둘의 싸움이 반복되는 동안 '사랑하는 나'는 점점 설 자리를 잃었다. 우리가 스스로를 사랑하지 못하는 이유는 '사랑하는 나'가 점점 소멸되었기 때문이다. 힘을 잃고 의식 저편으로 사라졌다.

자신을 사랑하는 것은 새로운 일이 아니다. 저편으로 사라진 '사랑하는 나'를 불러오는 일이다. 그래서 '자존감 낮은 나'와 '사랑하는 나'를 결혼시키면 된다. "자존감 낮은 나와 사랑하는 나는 평생 동안 헤어지지 말고 서로 사랑하라"라는 말을 들려주면 된다.

그럼 어떻게 해야 '사랑하는 나'를 불러올 수 있을까? 그동안 '다그치는 나'는 나 자신을 독점하여 '자존감 낮은 나'를 둘러싸고 벽을 쌓았다. 그래서 다른 사람이 찾아와서 사랑한다고 하거나 힘을 내라고 보내는 메시지들을 차단해 버렸다. 그렇다고 '사랑하는 나'의 사랑이 식은 것은 아니다. 그 사랑은 강하고 일관적이다. '사랑하는 나'는 지속적으로 나 자신에게 메시지를 보낸다. 그 메시지를 들으면 나 자신은 행복해지고 성장하며 스스로를 사랑스럽게 가꾸어 나간다. 문제는 방어벽이다. '다그치는 나'가 단단히 걸어놓은 빗장 때문에 '자존감 낮은 나'는 갇혀 있다. 그래서 '사랑하는 나'가 보내는 메시지를 받지 못한다.

그 메시지만 들으면 '자존감 낮은 나'는 성장할 수 있다. 강해지고 현명해져서 성벽을 뚫을 수도 있다. 그럴 때 이웃까지 사랑하는 나로 발전할 수 있다. 그러나 내 힘으로는 어찌할 수 없다는 한계를 느끼고 체념하기 쉽다.

그런데 바로 그때가 하나님의 도움이 필요할 때이다. 하나님이 자신을 사랑한다는 사실을 받아들일 때 우리 안에 있는 '사랑하는 나'는 강해지고 자존감은 높아질 것이라 확신한다. 하나님이 자신을 얼마나 사랑하는지를 믿을 때 자신을 사랑하게 되고, 또한 이웃을 네 몸과 같이 사랑하게 될 것이다. 먼저 자신을 사랑하라.

남들에게 존중받고 싶다면 먼저 스스로를 존중하라
-도스토옙스키-

7. 믿음 안에서는 장점도 단점도 모두 유익이 된다는 사실을 믿으라

각자무치(角者無齒)라는 말이 있다. '뿔을 가진 자는 날카로운 이가 없다'는 뜻으로, 어떤 사람도 강점이나 재주를 모두 다 가질 수는 없다는 말이다. 학자들의 연구에 의하면 사람은 누구나 서너 가지의 강점을 가지고 있다고 한다. 그러므로 자존감을 기르기 위해서는 약점에 신경을 쓸 것이 아니라 자신의 강점을 발견하고 발전시켜 나가야 한다.

한재욱은 그의 책 『인문학을 하나님께』에서 '약점 보완은 50점, 강점 집중은 100점'을 강조하고 있다. 세계 최고의 투자 왕 워렌 버핏(Warren Edward Buffett)의 승리 비결은 약점 보완이 아닌 강점 강화였다. 그를 특별하게 만드는 것은 바로 이런 독특한 행동 방식이다.

먼저, 워렌 버핏은 자신에게 맞는 방식이 무엇인지 정확하게 찾아냈다. 그는 자신의 약점을 보완하는 데 모든 노력을 집중하지 않았다. 오히려 완전히 정반대로 행동했다. 그는 자신의 타고난 재능을 알아내고, 학습과 경험을 통해 더욱 단련시켜 지금의 탁월한 강점들로 형상화했다.

갤럽 리더십연구소의 선임 강사이며 세계적인 컨설턴트인 마커스 버킹엄(Marcus Buckingham)과 강점 심리학의 아버지로 불리는 도널드 크리프턴(Donald O. Clifton)이 함께 쓴 『위대한 나의 발견: 강점혁명』에서도 약점이 아닌 강점에 초점을 맞추라고 권면한다. 버킹엄은 자신이 주도했던 갤럽 조사 프로젝트의 결과를 보여주었다. 갤럽에서 지난 20여 년간 200만 명 이상을 인터뷰하고 연구한 결과, 승리한 사람들은 모두 약점의 지배에서 벗어나 강점을 발견하는 데 자신의 많은 에너지를 쏟았다는 것이다.

그들은 자신의 약점을 고치기 위해 20% 정도의 노력을 기울이고, 나머지 80%는 장점을 강화하는 데 사용했다고 한다. 한마디로 승리는 약점의 보완이 아니라 강점의 강화에서 나온다는 것이다. 그러므로 약점을 강점으로 바꾸는 데 힘을 쏟기보다는 강점에 더욱 집중하라는 말이다. 강점으로 일하고, 약점으로 겸손을 배우라.

톰 행크스가 주인공을 맡아 열연한 영화 『포레스트 검프』는 여전히 따뜻하게 우리의 가슴에 남아 있다. 주인공 포레스트 검프는 I.Q.가 75 정도로 지적 능력이 떨어지는 인물이다. 게다가 그는 다리까지 불편하며, 학업 성적도 좋지 않았고 가정 형편도 불우했다. 어느 날, 포레스트는 자신을 괴롭히는 아이들을 만난다. 그때 여자 친구 제니는 이렇게 외쳤다. "포레스트, 뛰어. 무조건 뛰어!" 제니의 말을 잘 따랐던 포레스트는 자신이 달릴 수 없는 사람이라는 것을 잊고 무작정 뛰기 시작한다. 그 결과, 그는 자신이 빨리 달릴 수 있다는 사실을 알게 된다.

그 후, 포레스트는 자신이 잘할 수 있는 것 한 가지에 집중했다. 그는 계속 뛰고 뛰었다. 어느 날, 자기 앞에 날아온 미식축구 공을 붙잡고 뛰어 터치다운을 하면서 미식축구 선수로 고등학교에 진학하게 되었다.

급기야 미식축구로 대학까지 가서 최고의 선수상을 받게 된다. 뿐만 아니라, 베트남 전쟁에 참전하여 폭격 맞은 전우를 빠른 걸음으로 구해 국가 훈장을 받는 영웅이 되었다. 그가 잘할 수 있는 것은 달리기였고, 그는 그것에 집중하여 승리했다.

하나님은 우리에게 특별한 강점을 주셨고, 그 강점 안에서 하나님이 맡기신 사명을 이루길 원하신다. 약점을 보완하는 데 집중하면 50점, 강점에 집중하면 100점이다.

약점 역시 부끄러운 것은 아니다. 대부분의 사람들은 자신의 약점을 감추고 싶어 하지만, 믿음 안에 있는 자들은 자신의 약점도 부끄러워하지 않고 오히려 그것을 자랑할 수 있는 용기가 있다. 대표적인 인물이 사도 바울인데, 그는 지나칠 정도로 자신의 약점을 자랑하고 있다.

고린도후서 12:5-10 내가 이런 사람을 위하여 자랑하겠으나 나를 위하여는 약한 것들 외에 자랑하지 아니하리라 내가 만일 자랑하고자 하여도 어리석은 자가 되지 아니할 것은 내가 참말을 함이라 그러나 누가 나를 보는 바와 내게 듣는 바에 지나치게 생각할까 두려워하여 그만두노라 여러 계시를 받은 것이 지극히 크므로 너무 자만하지 않게 하시려고 내 육체에 가시 곧 사탄의 사자를 주셨으니 이는 나를 쳐서 너무 자만하지 않게 하려 하심

이라 이것이 내게서 떠나가게 하기 위하여 내가
세 번 주께 간구하였더니 나에게 이르시기를 내
은혜가 네게 족하도다 이는 내 능력이 약한 데
서 온전하여짐이라 하신지라 그러므로 도리어
크게 기뻐함으로 나의 여러 약한 것들에 대하
여 자랑하리니 이는 그리스도의 능력이 내게 머
물게 하려 함이라 그러므로 내가 그리스도를 위
하여 약한 것들과 능욕과 궁핍과 박해와 곤고를
기뻐하노니 이는 내가 약한 그 때에 강함이라

사도 바울은 자신의 약점을 자랑한다고 말한다. 그 이유는 약함으로
인해 하나님을 더욱 의지하게 되기 때문이다. 이는 위대한 역설이다. 일
반적으로 사람들은 자신을 당당하게 드러내면서도 약점을 솔직히 인정
하는 사람에게 호감을 느낀다. 그리고 사람들은 보통 잘난 체하거나 완
벽한 사람보다 인간미가 느껴지는 겸손한 사람을 더 좋아한다. 빈틈이
있는 사람은 거리감이 줄어들고 친근감을 느끼게 되며, 겸손하고 진솔
하다는 인상을 준다. 이러한 사람들은 경계심을 풀고 마음의 문을 열게
된다.

바울 사도는 육신의 가시를 통해 더욱 겸손하게 주님만을 의지하였다.
그의 약점이 하나님의 섭리와 능력이 머무는 공간이 되었던 것이다. 약
점과 부정적인 자아가 만나면 비참함을 느낄 수 있지만, 약점과 하나님

의 은혜가 만나면 오히려 강점으로 변할 수 있다.

김인중의 〈안산동산고 이야기〉에는 다음과 같은 구절이 있다:
"내성적인 학생은 생각을 진지하게 해서 좋습니다. 사교성이 적은 학생은 정직하고 과장되지 않아 좋습니다. 소심한 학생은 실수가 적고 정확해서 좋습니다. 질투심이 많은 학생은 의욕이 넘쳐 좋습니다. 말이 많은 학생은 지루하지 않아 좋습니다. 자신감이 없는 학생은 겸손해서 좋습니다. 직선적인 학생은 속정이 깊어 좋습니다."

이 구절은 우리가 흔히 약점으로 여기는 특성들이 실제로는 긍정적인 면을 가질 수 있음을 상기시킨다. 우리의 약함이 오히려 하나님의 능력을 드러내는 장치가 되기에, 이 약함 또한 감사의 조건이 될 수 있다.

사람들은 종종 강함과 능력을 추구하며, 예쁜 것과 능력 있는 것을 선호한다. 자신의 위대함을 남에게 보여주고 싶어 하는 경향도 있다. 그러나 이러한 추구는 하나님 앞에서는 의미가 없다. 사도 바울의 고백을 다시 들어보라.

고린도후서 12:9-10 내 능력이 약한 데서 온전하여짐이라 하신지라 그러므로 도리어 크게 기뻐함으로 나의 여러 약한 것들에 대하여 자랑하리니 이는 그리스도의 능력이 내게 머물게 하려 함이라 그러므로 내가 그리스도를 위하여 약한 것들과 능욕과 궁핍과

박해와 곤고를 기뻐하노니 이는 내가 약한 그
때에 강함이라

믿음의 사람은 약할 때가 가장 강한 때임을 알아야 한다. 자녀가 아플 때 부모가 자녀를 더 가까이에서 돌보듯이, 우리가 약할 때 하나님은 더 큰 힘을 우리에게 주신다. 하나님을 믿는 신앙은 우리로 하여금 강점을 개발하도록 하지만, 약점 또한 감사할 수 있게 한다. 믿음 안에서는 장점도 단점도 모두 유익이 된다.

약점과 부정적인 자아가 만나면 비참함을 느낄 수 있지만, 약점과 하나님의 은혜가 만나면 오히려 강점으로 변할 수 있다.

8. 자신감을 높이는 작은 성공에 집중하라

앞서 이야기했듯이 자존감이 높아지면 자신감이 따라오고, 자신감이 높으면 자존감도 높아진다. 심리학자인 윌리엄 제임스는 자존감 높이는 법을 다음과 같은 공식으로 제시하였다.

$$자존감 \quad = \quad \frac{성취, 성공(success)}{욕심(need)}$$

이 공식을 보면 자존감을 높이는 방법이 두 가지가 나온다.

첫째, 분자인 '성취'를 높이는 방법이다. 이성친구가 생기면 자존감이 높아진다. 취업이 안 되어 스트레스를 받던 사람이 취업을 하고 나면 자존감이 올라간다. 돈이 없던 사람이 돈이 생기면 어깨에 힘이 들어가고, 못생겼다고 생각하는 사람이 예뻐지면 자존감이 높아진다. 직장에서 승진하면 자존감이 높아진다. 작은 성공과 작은 성취를 이루어가다 보면 자존감이 높아질 수밖에 없다.

둘째, '욕심'이라는 분모를 줄이는 방법이다. 더 나은 직장, 외모, 발전, 미래를 추구하는 것은 필요하지만, 이것이 끝없는 욕심으로 작용한다면 현실과의 괴리감이 자신을 힘들게 만들 수 있다. 우리 안에 채워지지 않은 욕구가 항상 도사리고 있다면, 자존감은 낮아질 수밖에 없다. 자존감은 성공과 비례하지만, 욕심과는 반비례한다. 성공 경험이 많을수록 자존감은 올라가지만, 실패가 많을수록 자존감은 낮아진다. 자존감을 높이기 위해서는 성공과 성취의 경험을 늘리는 것이 중요하다.

한 여성이 직장에 다니면서 실수를 반복하게 되었다. 실수를 할 때마다 여지없이 상사로부터 질타를 받았고, 실수를 하지 않으려다가 오히려 또 실수를 하게 되었다. 완벽하다고 생각했지만, 또 실수를 저지르곤 했다. 결국, 그녀는 자신감을 잃고 더욱 위축되었고, 그때마다 습관적으로 "나는 살 가치가 없는 사람이야"라는 말을 되뇌었다. 마치 앞서 소개한 펀치넬로처럼 말이다. 자신의 행동이 잘못되었다고 해서 그 존재 자체가 악한 것은 아니다. 그런데, 실수를 했다고 해서 자신을 가치 없는 사람으로 평가하는 것은 옳지 않다.

결론적으로, 사람은 실수를 완전히 없앨 수 없다. 실수는 누구나 하며, 살면서 실수를 피하려고 노력하지만 여전히 발생한다. 실수는 이미 벌어진 일이기 때문에 그에 대해 책망해 본들 해결책이 생기지 않는다. 실수를 계속 마음에 담아두면 앞으로 나아갈 수 없기에, 실수는 이해하고 극복해야 한다. 실수를 반복하지 않는 비결 중 하나는, 실수를 인정하고 그것을 보완하여 다음번에는 더 나은 결과를 이루어내는 것이다. 실수에 대한 책망보다는 앞으로의 일에 대해 실수를 줄일 방안을 찾는 것이 중요하다. 실수하지 않는 것은 불가능하지만, 실수로부터 배우고 성장하는 것은 가능하다.

만약 실수나 실패가 발생하면, 마치 바둑에서 복기하듯이 그 과정을 되돌아보아야 한다. 유명한 바둑 기사는 대국이 끝나면 항상 복기하는데, 그 이유는 승리와 패배의 원인을 분석하여 추후 경기에 밑거름으로 삼기 위함이다. 사람이 실수를 반복하는 이유 중 하나는 복기를 하지 않기 때문이다. 왜 복기를 하지 않을까? 자신의 잘못을 자세히 들여다보는 것이 고통스러울 수 있기 때문이다.

따라서 우리는 실수를 두려워하지 말고, 실수를 바탕으로 새로운 도전에 열려 있는 태도를 유지하며, 더 나은 결과를 이루어내려는 노력을 계속해야 한다. 실수란 성장을 위한 자연스러운 과정이다. 실수를 통해 성장할 수 있는지, 그렇지 않은지는 실수에 대한 자신의 태도에 달려 있다. 실패도 긍정적인 면이 있다. 그것은 도전을 감행했다는 점이다.

구약성경 사무엘상 17장에 기록된 다윗과 골리앗의 싸움 이야기는 우리가 잘 아는 내용이다. 어릴 때부터 블레셋의 용사로 훈련된 골리앗과, 어린 양치기였던 이스라엘 소년 다윗의 싸움 이야기다. 다윗과 골리앗의 싸움은 처음부터 게임이 되지 않는 싸움이었다.

다윗은 아버지의 심부름으로 군대에 간 형들을 찾아갔다가, 양쪽 군대가 전열을 갖추고 대치 중일 때 블레셋 적장 골리앗의 외치는 소리를 듣게 된다. 거인 골리앗은 이스라엘 군을 향해 대표 장수들끼리 결전을 벌이자고 위협하고 있었지만, 선뜻 나서는 사람은 아무도 없었고 모두 두려움에 떨고 있었다. 게다가 그는 이스라엘의 하나님을 모욕하고 있었다. 이러한 모습을 본 다윗은 분노를 억누를 수 없었다. 결국 다윗은 자신이 적장 골리앗과 싸우겠다고 왕에게 출전 의사를 밝힌다.

이에 대한 사울 왕과 소년 다윗의 대화가 실린 말씀을 보자.

사무엘상 17:33-37 사울이 다윗에게 이르되, 네가 가서 저 블레셋 사람과 싸울 수 없으리니, 너는 소년이요, 그는 어려서부터 용사임이라 다윗이 사울에게 말하되 주의 종이 아버지의 양을 지킬 때에 사자나 곰이 와서 양 떼에서 새끼를 물어가면 내가 따라가서 그것을 치고 그 입에서 새끼를 건져내었고 그것이 일어나 나를 해하고자 하면 내가 그 수염을 잡고 그것을 쳐죽였나이다 주의 종이 사자와 곰도 쳤은즉 살아 계시는 하나님의 군대를 모욕한 이 할례 받지 않은 블레셋 사람이리이까 그가 그 짐승의 하나와 같이 되리이다 또 다윗이 이르되 여호와께서 나를 사자의 발톱과 곰의 발톱에서 건져내셨은즉 나를 이 블레셋 사람의 손에서도 건져내시리이다 사울이 다윗에게 이르되 가라 여호와께서 너와 함께 계시기를 원하노라

결국, 다윗과 골리앗의 싸움은 하나님의 도우심으로 다윗의 승리로 끝나게 된다. 그렇다면 다윗의 자신감은 어디에서 온 것일까? 그것은 어릴

때부터 짐승들과의 싸움에서 승리한 경험뿐 아니라, 하나님께서 도와주셔서 이기게 하실 것이라는 확고한 믿음에서 나온 것이다. 다윗은 크고 작은 도전들을 극복하며 성취감을 쌓아온 것이다.

신약에서 예수님의 사도로 부름받은 바울 역시 끊임없이 도전한 사람이었다.

> 빌립보서 4:11-13　내가 궁핍하므로 말하는 것이 아니니라. 어떠한 형편에든지 나는 자족하기를 배웠노니, 나는 비천에 처할 줄도 알고, 풍부에 처할 줄도 알아, 모든 일, 곧 배부름과 배고픔, 풍부와 궁핍에도 처할 줄 아는 일체의 비결을 배웠노라. 내게 능력 주시는 자 안에서 내가 모든 것을 할 수 있느니라

도전 없이 성취는 없다. 인생에는 크든 작든 도전이 필요한 순간이 온다. 어떤 일의 성취를 통해 자신감이 넘치게 되고, 자신감이 넘칠 때 자존감도 상승하게 된다. 성취를 위해서는 도전이 필요하다. 아무것도 시도하지 않으면 아무 일도 일어나지 않는다. 정체된 삶을 원하지 않는다면 변화해야 하며, 변화를 원한다면 도전을 해야 한다. 이러한 도전을 통해 성취감을 경험하게 된다면 자신감이 상승하고, 자존감도 자연스럽게 높아질 것이다.

이를 위해서는 자신이 할 수 있는 작은 일부터 시작해서 성취를 경험하는 것이 중요하다. 자신이 잘하는 것, 잘할 수 있는 것을 찾아 성취감을 높이도록 노력해 보라.

9. 작은 모임부터 참여하여 관계의 폭을 넓히라

성경에는 대인관계에서의 두려움과 불안을 극복한 여러 인물들의 이야기가 있다. 대표적인 인물이 바로 모세다. 모세는 하나님께서 이스라엘 백성을 이끌라는 사명을 주셨을 때, 큰 두려움을 느꼈다. 그는 말이 서툴다며, 사람들 앞에 나서는 것에 대한 두려움을 표현했다. 그러나 하나님은 모세에게 "내가 너와 함께 하리라"(출애굽기 3:12)고 약속하시며 그를 격려하셨다. 이 약속은 모세가 자신의 두려움을 극복하고 위대한 사역을 수행하는 데 중요한 역할을 했다.

대개 대인기피증은 과거의 부정적인 경험에서 비롯된다. 타인으로부터 거부당하거나, 모욕적이거나 불편한 경험을 했을 때 대인관계를 회피하려는 경향이 생길 수 있다. 타인이 자신을 어떻게 평가할지에 대한 지나친 걱정과 불안이 대인기피증을 유발할 수 있다.

나 역시 목사로서 여전히 대중 앞에 서는 것이 긴장된다. 학창 시절, 수학 선생님이 앞에 나가 문제를 풀라고 하셨을 때 제대로 풀지 못해 대중 앞에서 창피를 당한 기억이 있다. 또 기독교 방송 기자와 인터뷰할 기회가 있었는데, 카메라를 너무 의식했는지 횡설수설하고 말았다. 논리나 설득력도 부족했다. 그 인터뷰는 방송에 나오지 않아 천만다행이었다. 생각만 해도 부끄러운 일이다. 나는 대중 앞에서 발표하는 것이 두려웠고, 마음의 평안도 사라지곤 했다.

그러나 시간이 지나 믿음이 성장하고 관계의 폭이 넓어지며 대중 앞에 서는 빈도가 많아지면서 점차 대중 앞에 서는 두려움이 사라졌다. 이제는 누구를 만나도 두렵지 않다. 이는 자존감이 많이 높아졌다는 증거가 아닐까?

대인기피증(사회불안장애)을 극복하기 위해서는 먼저

① 나를 인정하라
대인기피증이 있는 사람들은 자존감이 낮은 경우가 많다. '나는 왜 이럴까?', '내가 할 수 있을까?'와 같이 자기 비난을 많이 하고 타인의 눈치를 보며 그들의 기준에 맞추고 인정받고자 노력한다. 이를 극복하기 위해서는 자기 자신에 대한 확신과 믿음, 내가 가진 것들을 인정하고 사랑하는 것이 가장 중요할 것이다.

② 불안의 원인을 찾고, 다스려라
대인관계나 사회적 상황 속에서의 불안감이 어디서 기인하는지 그 원인을 찾는 것이 필요하다. 원인을 찾게 되면 그 해결 방법 또한 쉽게 찾아낼 수 있다. 또한 증상보다는 일상 자체에 초점을 맞추어 충실할 수 있도록 한다. 가장 믿고 의지할 수 있는 사람과의 대화부터 산책, 운동, 음악, 글쓰기 등 취미활동을 가져보는 것도 도움이 될 것이다.

③ 혼자는 No! 사람을 만나려고 해 본다
최대한 혼자 있는 시간을 줄이고 사람을 만나는 연습을 해보라. 사람과의 만남이 어렵다면 처음에는 편한 사람부터 만나기 시작하고, 점차 새로운 사람으로 범위를 넓혀가는 것도 좋은 방법이다. 교회공동체에 적극적으로 참여할 때 사회성은 길러지고, 관계의 폭이 넓어진다. 성경은 모이기를 힘쓰라고 강조하고 있다.

사도행전 2:46   날마다 마음을 같이하여 성전에 모이기를 힘쓰고 집에서 떡을 떼며 기쁨과 순전한 마음으로 음식을 먹고

히브리서 10:24-25 서로 돌아보아 사랑과 선행을 격려하며 모이기를 폐하는 어떤 사람들의 습관과 같이 하지 말고 오직 권하여 그날이 가까움을 볼수록 더욱 그리하자

대인기피증은 부정적인 자아상과 낮은 자존감과 깊은 연관이 있다. 따라서 대인기피증을 가진 사람에게 가장 시급한 것은 자존감을 높이는 것이다. 자존감이 높아지면 외로움이 줄어들고, 대인관계도 자연스럽게 쉬워질 것이다.

10. 회개와 믿음이 죄책감에서 자유케 해 주는 열쇠이다

　죄책감은 자존감을 떨어뜨리는 중요한 요소 중 하나이다. 따라서 자존감을 높이기 위해서는 죄 문제가 반드시 해결되어야 한다. 또한 그리스도인의 삶을 살기 위해서도 죄 문제는 심각하게 다루어야 한다. 잘못을 바로잡는 일을 거부하면 하나님과 올바른 관계를 가질 수 없다. 죄를 진지하고 철저하게 다룬다면 우리는 잘못된 죄책감에서 벗어날 수 있다. 그러나 죄 문제는 결코 인간의 노력으로 해결되지 않는다. 회개하면 용서하시겠다는 하나님의 약속에 근거하여 그분의 은혜를 받아야 한다. 죄책감은 영혼을 시들게 하지만, 은혜는 영혼을 소생시킨다.

　구약 시대에 인간이 죄를 지었을 때, 죄를 범한 사람은 자신의 죄를 대신할 짐승에게 안수함으로 그 죄를 전가하고, 짐승을 죽인 뒤, 그 피를 제단에 바름으로써 죄의 용서를 받았다. 이처럼 구약 성경에서는 죄를 씻기 위해서는 죄인을 위해 짐승이 대신 피를 흘려야 했다. 사람의 죄를 위해 어린 양이 희생된 것 같이 예수 그리스도는 인류의 모든 죄를 위해 우리 대신 십자가에 못 박혀 죽으심으로써, 인류가 죄를 용서받을 수 있는 길을 열어 주셨다. 그분은 세상 죄를 대신 지고 가는 어린 양이 되셨다.

요한복음 1:29　이튿날 요한이 예수께서 자기에게 나아오심을 보고 이르되 보라 세상 죄를 지고 가는 하나님의 어린 양이로다

그러므로 누구든지 하나님께 진실하게 죄를 자백하고 회개하면 용서를 받을 수 있다. '자백'은 마치 못 먹을 것을 먹은 사람이 토해내는 것처럼 자신의 죄를 솔직하게 드러내는 것이다.

그러나 많은 사람들은 자신의 죄를 그대로 인정하기보다는 합리화하거나, 다른 사람에게 책임을 전가하거나, 감추려는 태도를 취한다.

하나님은 죄를 고백하고 회개하는 사람들에게 죄 사함에 대한 확실한 약속을 성경 여러 곳에 기록해 두셨다.

요한일서 1:9	만일 우리가 우리 죄를 자백하면 그는 미쁘시고 의로우사 우리 죄를 사하시며 우리를 모든 불의에서 깨끗하게 하실 것이요
이사야 43:25	나 곧 나는 나를 위하여 네 허물을 도말하는 자니 네 죄를 기억지 아니하리라
이사야 38:17	보옵소서 내게 큰 고통을 더하신 것은 내게 평안을 주려 하심이라 주께서 내 영혼을 사랑하사 멸망의 구덩이에서 건지셨고 내 모든 죄를 주의 등 뒤에 던지셨나이다
히브리서 10:17	또 저희 죄와 저희 불법을 내가 다시 기억지 아니하리라 하셨으니

이러한 약속을 진지하게 받아들여야 한다. 감정에 휘둘리지 말고, 사

죄의 확신 가운데 머물러야 한다. 그럴 때 우리는 죄책감으로부터 자유로워질 수 있다. 회개했음에도 불구하고 자신을 용서하지 못하고 받아들이지 못하는 것은 교만과 불신앙 때문이다. 계속해서 죄책감에 사로잡혀 자신을 비하하고 학대하는 태도는 하나님의 용서를 받아들이지 못하는 불신앙의 모습이다. 하나님께서 나의 허물과 죄악을 용서하셨으니 나 역시 나 자신을 용서해야 한다.

하나님의 용서를 체험할 때, 우리는 진정으로 다른 사람을 불쌍히 여기고 용서할 수 있다. 그리스도인이 죄와 죄책감에서 승리하는 비결은 끝까지 하나님의 말씀대로 사는 것이다. 우리는 어떻게 죄를 이길 수 있는가? 죄를 이길 수 있는 비결은 예수 그리스도를 바라보는 데 있다. 소극적으로 죄를 피하려고 하기보다는 적극적으로 예수 그리스도를 아는 것이 더 효과적이다. 그리고 용서받은 확신 가운데 살아갈 때 자존감이 높아진다.

사람의 죄는 기쁨을 빼앗고, 자유를 박탈한다. 죄를 지으면 죄의 종이 된다.

어떤 어린 아이가 아버지로부터 작은 도끼를 선물로 받았다. 이 아이는 도끼를 들고 여기저기 찍어보며 들과 산을 신나게 돌아다녔다. 그러던 어느 날, 서부극에서 본 대로 도끼 던지기를 따라 하기 시작했다. 바람벽을 향해 도끼를 던지면 그것이 꽂히는 것이 재미있어서 자꾸만 여기저기 가리지 않고 던지기 시작했다.

그러던 어느 날, 집에서 키우는 거위를 향해 도끼를 던졌는데, 그 도끼가 거위의 목에 맞아 거위는 그 자리에서 죽고 말았다. 아버지에게 꾸중을 들을까 겁이 난 아이는 몰래 나무 밑을 파고 거위를 묻었다. 그런데이 모습을 집의 가정부가 멀리서 목격하게 되었다. 가정부는 아이를 붙잡고 자신이 다 봤다고 겁을 주었다. 그러자 아이는 가정부에게 무슨 일이든 다 들어줄 테니 이 사실을 아무에게도 말하지 말아달라고 부탁하며 비밀 협정을 맺었다.

심술궂은 가정부는 가끔 용돈이 필요할 때마다 "저 나무 밑에…" 하면서 아이에게서 돈을 빼앗았다. 게다가 요구하는 돈의 액수도 날로 높아졌다. 어떤 때는 부모님의 돈을 훔쳐서 가정부에게 건네주는 경우도 있었다. 아이는 얼마나 괴롭겠는가? 그래서 가정부에게 도저히 안 되겠다고 말하면, 그럴 때마다 가정부는 "저 나무 밑에…" 하면서 그 비밀을 들먹여 꼼짝 못하게 만들었다.

더는 견딜 수 없던 아이는 마침내 서재에 들어가 아버지에게 이 사실을 털어놓고 용서를 구했다. 그러자 아버지가 말하였다. "그런 줄 알았다. 거위가 없어진 때에 맞춰 네가 침울해하는 모습을 보고 이미 짐작하고 있었다. 나는 네가 스스로 회개하길 기다리고 있었다." 그러면서 그의 잘못을 용서해 주었고, 그를 위해 기도해 주었다.

홀가분한 마음으로 방문을 나섰는데, 마침 그때 가정부가 기다리고 있다가 다시 돈을 가져오라고 협박하였다. 그러자 아이는 "더 이상 줄 수 없으니 마음대로 하라"고 당당하게 맞섰다. 이런 용기가 어디서 난 것일까? 그것은 이미 아버지에게 용서를 받았기 때문이다. 이제는 가정부의 어떠한 협박에도 두려워할 필요가 없어졌다. 그렇다. 회개한 사람은 마귀에게 쫓길 필요가 없고, 죄책감에 시달릴 필요도 없다. 진정한 자유를 누릴 수 있다.

사도행전 10장 9-15절에는 베드로가 기도 중에 큰 보자기 환상을 본 내용을 기록하고 있다.

사도행전 10:9-15 이튿날 그들이 길을 가다가 그 성에 가까이 갔을 그 때에 베드로가 기도하려고 지붕에 올라가니 그 시각은 제 육시더라 그가 시장하여 먹고자 하매 사람들이 준비할 때에 황홀한 중에 하늘이 열리며 한 그릇이 내려오는 것을 보니 큰 보자기 같고 네 귀를 매어 땅에 드리웠더라 그 안에는 땅에 있는 각종 네 발 가진 짐승과 기는 것과 공중에 나는 것들이 있더라 또 소리가 있으되 베드로야 일어나 잡아먹어라 하거늘 베드로가 이르되 주여 그럴 수 없나이다 속되고 깨끗하지 아니한 것을 내가 결코 먹지 아니하였나이다 한대 또 두 번째 소리가 있으되 하나님께서 깨끗하게 하신 것을 네가 속되다 하지 말라 하더라

이 문장에서 "하나님께서 깨끗하게 하신 것을 네가 속되다 하지 말라" 는 말씀을 주목해 보자. 하나님께서는 예수 그리스도를 믿는 사람들을 이미 죄 사함을 받게 하셨다. 하나님은 죄에 대해 철저히 회개한 우리를 예수 그리스도로 인해 의롭다고 인정하셨고, 용서해 주셨다. 이미 용서 받았음에도 불구하고 죄책감에 사로잡혀 있는 것을 기뻐하지 않으신다. 하나님께서는 이미 깨끗하게 하셨다고 선언하신다. 하나님이 이미 깨끗 하게 하셨으니 그것을 믿음으로 받아들여야 한다.

예수님을 믿으면서도 여전히 "나는 죄인이다. 나는 더럽다. 나는 형 편없는 존재이다. 나는 쓰레기다."라고 한다면, 하나님이 기뻐하지 않 으신다. 하나님께서 깨끗하게 하신 것을 네가 속되다 하지 말라는 말씀 을 기억해야 한다.

로마서 8:33-34 누가 능히 하나님께서 택하신 자들을 고발하리요 의 롭다 하신 이는 하나님이시니 누가 정죄하리요 죽으 실 뿐 아니라 다시 살아나신 이는 그리스도 예수시 니 그는 하나님 우편에 계신 자요 우리를 위하여 간 구하시는 자시니라.

이미 하나님께서 깨끗하게 하신 것을 누가 정죄하겠느냐고 하신다. 당 신도 마찬가지다. 당신이 무엇이기에 속되다고 말하는가? 예수 그리스 도를 믿는 자는 깨끗하다고 하신 선언을 그대로 믿어야 한다. 이 사실을 믿는 자는 죄에서 자유함을 얻게 될 것이다. 그렇다. 하나님과의 화해와 죄책감으로부터의 자유는 회개와 용서를 통해 오는 것이다.

그러나 하나님의 약속을 믿지 않는 사람은 잘못된 행동을 어떻게 바로잡아야 할지 모른다. 그래서 잘못된 행동을 속죄하는 방법으로 자신에게 정서적 징벌을 가하게 된다. 그로 인해 자존감은 떨어지게 된다.

마태복음 26:75 이에 베드로가 예수의 말씀에 닭 울기 전에 네가 세 번 나를 부인하리라 하심이 생각나서 밖에 나가서 심히 통곡하니라

마태복음 27:3-5 그 때에 예수를 판 유다가 그의 정죄됨을 보고 스스로 뉘우쳐 그 은 삼십을 대제사장들과 장로들에게 도로 갖다 주며 이르되 내가 무죄한 피를 팔고 죄를 범하였도다 하니 그들이 이르되 그것이 우리에게 무슨 상관이냐 네가 당하라 하거늘 유다가 은을 성소에 던져 넣고 물러가서 스스로 목매어 죽은지라

위의 두 구절에서 우리는 자기 정죄와 진정한 회개의 모습을 발견할 수 있다. 한 사람은 예수님을 부인한 베드로이고, 다른 한 사람은 예수님을 배신한 가룟 유다이다. 베드로는 통곡하며 회개하였고, 가룟 유다는 스스로 목매어 죽었다. 자기 정죄는 자기 연민, 실망, 낙담으로 이끌지만, 회개는 잘못을 완전히 버리고 변화와 소망, 그리고 참된 자유를 얻게 한다. 진정한 회개는 심한 죄책감으로부터 진정한 자유를 가져다준

다. 우리의 죄 문제가 해결되기 전에는 결코 자존감이 높아질 수 없다.

하나님의 은혜는 당신의 죄보다 크다. 당신이 저지른 일은 악하지만, 하나님은 선하시며, 당신이 진심으로 회개를 할 때 용서하신다. 하나님의 용서를 진정으로 받아들인다면, 마치 심술궂은 가정부의 횡포에서 벗어나는 것처럼 죄책감으로부터 자유로워질 수 있을 것이다. 그로 인해 잃어버린 자존감을 되찾을 뿐 아니라 더욱 높아질 것이다.

> 소극적으로 죄를 피하려고 하기보다는 적극적으로 예수 그리스도를 아는 것이 더 효과적이다. 그리고 용서받은 확신 가운데 사는 것이다. 용서의 확신이 있는 사람들은 자존감이 높아진다.

11. 낮은 자존감으로 몰아가는 사탄을 대적하라

사탄의 무기 중 가장 치명적인 무기는 낮은 자존감을 형성하는 것이다. 사탄이 우리의 자존감을 낮추면 어떤 문제들이 발생하는지 살펴보자.

1) 사탄은 낮은 자존감을 통해 당신의 잠재력을 마비시킨다

하나님께서는 각 사람 속에 있는 숨겨진 잠재력이 개발되기를 원하신다. 이러한 잠재력이 낮은 자존감으로 인해 발휘되지 못할 때, 하나님은 슬퍼하신다. 예수님은 달란트 비유를 통해 잠재력을 묻어두었던 종을 책망하는 이야기를 전하신다.

한 달란트를 받은 종은 그 달란트를 땅속에 묻어두었다. 그는 투자에 실패할까 봐 두려워하고, 주인에게 거부당할 것에 대한 두려움 때문에 안전을 추구하게 되었다. 이로 인해 그는 아무런 이윤도 남기지 못했다. 그러자 주인은 그 종에게 차라리 은행에 저금을 하여 이자라도 받았어야 했다고 책망하였다. 이처럼 자존감이 낮은 사람은 실패에 대한 두려움 때문에 도전하지 못하고, 잠재력을 사용하지 못한다. 기억하라. 사탄은 당신의 잠재력을 마비시키려 한다는 것을 잊지 말아야 한다.

2) 사탄은 낮은 자존감을 통해 당신의 꿈(이상)들을 파괴시킨다

성령님께서는 우리가 담대한 꿈을 꾸도록 도와주시며, 하나님께서 우리 안에서, 특히 우리를 통해 이루시기 원하는 것이 무엇인지에 대한 비전을 보여주신다.

그러나 사탄은 자존감을 떨어뜨려 당신의 삶을 통해 그의 위대한 계획을 성취하지 못하도록 한다. 오늘날 우리를 후퇴하게 만드는 것이 무엇인지, 우리를 두렵게 하는 것이 무엇인지 살펴보자. 사람인가? 전통인가? 그럴 수 있다. 그러나 그것보다 사탄이 주는 낮은 자존감 때문에 우리가 하나님의 이상을 펼치지 못하고 있는 것이다.

최초의 개신교 선교사로 인도에 갔던 윌리암 캐리에게 꿈이 없었다면, 그가 큰일을 이룰 수 있었겠는가? 그는 이렇게 표현했다. "하나님으로부터 위대한 일을 기대하라, 하나님을 위해 위대한 일을 시도하라!"(Expect great things from God, attempt great things for God!) '윌리암 캐리처럼' 하나님은 당신을 통해 이루시고자 하는 것이 있다. 그것을 과소평가하지 말라. 하나님이 당신을 통해 하시고자 원하시는 것이 있다. 그것을 과소평가하지 말라. 그것은 믿음이 없는 처사이다. 주의하라! 사탄은 당신의 꿈을 지금도 파괴하려 한다.

3) 사탄은 낮은 자존감을 통해 당신의 대인 관계를 해친다

당신의 낮은 자존감은 또한 다른 사람들과의 관계에 해를 끼친다. 사탄은 당신이 계속 열등감을 느끼고, 자신을 부족하게 여기며, 다른 사람들로부터 고립되도록 만든다. 대개 사람들은 열등감을 처리하기 위해 스스로를 위축시키고 가능한 한 사람들과의 접촉을 피하려 한다.

예수님께서는 우리가 우리 자신을 사랑하는 것처럼 이웃을 사랑하라고 명령하셨다. 만약 우리가 자신을 사랑하지 못한다면 이웃을 사랑하기 어려울 것이다. 우리는 자신에 대한 올바르고 건전한 생각을 가질 때만 비로소 다른 사람에게 무엇을 나누어 줄 수 있다.

그러나 자신을 위축시킬 때는 자신에게만 지나치게 몰두하게 되어, 다른 사람에게 나눠 줄 여유가 없어지게 된다. 누가 가장 함께 지내기 어려운 사람인가? 자기 자신을 싫어하는 사람이다. 그들은 자신을 싫어하기 때문에 다른 사람을 싫어하게 되고, 결국 누구와 함께 지내기가 어렵다. 당신의 낮은 자존감은 당신의 대인 관계를 저해하는 요소가 된다. 사탄은 그것을 이용하고 있다.

4) 사탄은 낮은 자존감을 통해 당신의 사역에 방해가 되게 한다

위대한 종교 개혁자 마틴 루터(Martin Luther)가 중병에 걸렸을 때, 마귀가 그의 침실로 들어왔다. 마귀는 승리의 미소를 지으며 루터를 내려다보며 커다란 두루마리를 펼쳐 보였다. 마귀가 두루마리의 한쪽 끝을 마룻바닥에 내던지자, 감긴 것이 저절로 풀리기 시작했다. 거기에는 루터의 죄가 낱낱이 적혀 있었다. 루터는 그 길고 무시무시한 기록을 천천히 읽어 내려갔다. 그의 단단하던 마음은 소름 끼치는 두루마리 앞에서 잔뜩 움츠러들기 시작했다. 그때 루터의 마음에는 두루마리에 적혀 있지 않은 한 가지 사실이 번개처럼 떠올랐다. 그는 소리쳤다.

"당신은 한 가지를 빠뜨렸소! 거기에 적힌 것들은 다 사실이지만, 당신은 가장 중요한 것을 잊었어! 예수 그리스도의 피가 우리의 모든 죄를 씻어주신다는 사실 말이요."

루터가 외치자, 교활한 마귀와 두루마리는 곧 자취를 감추었다. 루터의 마음에는 다시 평화가 찾아왔다. 또 그는 어느 날 자신의 죄가 생각나서 도저히 견딜 수 없었다. 부끄럽고 창피하며 추하고 더럽고 가증스러운 그 일로 씨름하다가 문득 외쳤다.

"예수께서 나를 위해 죽으셨다! 예수께서 나를 위해 죽으셨다!"

이에 마귀는 물러가고 평화를 얻었다. 성경은 우리에게 낮은 자존감을 주고 우리를 삼키려고 혈안이 되어 있는 마귀를 대적하라고 말씀하신다.

> 야고보서 4:7   그런즉 너희는 하나님께 복종할지어다 마귀를 대적하라 그리하면 너희를 피하리라

우리에게 자존감을 떨어뜨리는 사탄에게 이렇게 반복해서 선포해 보라.
나를 우울하게 만드는 사탄아
나는 실패자라고 속삭이는 사탄아
나는 쓰레기 같다고 조소하는 사탄아
나로 하여금 죄책감을 느끼게 하는 사탄아
나로 자기연민에 빠지게 만들고 나를 위축들게 만드는 사탄아
예수 그리스도의 이름으로 명령하노니 물러가라.

마태복음 12장 43-45절에는 더러운 귀신이 나간 후 집이 수리되고

청소되었으나 빈집이었기에, 떠나간 귀신이 일곱 귀신을 데리고 들어왔다고 기록되어 있다. 그러므로 빈집은 좋지 않다. 사탄을 대적하여 떠나간 자리에 하나님의 말씀을 채워야 한다. 그럴 때 우리의 자존감은 회복되고 잘 보존될 것이다.

우리의 마음이나 자아에서 부정적인 생각이나 감정을 몰아낸 뒤, 그 자리를 비워두면 결국 다시 그 부정적인 요소들이 돌아올 가능성이 크다. 그러므로 사탄을 대적하여 몰아낸 마음의 자리에 하나님의 말씀과 진리로 채우는 것이 중요하다. 하나님의 말씀은 우리의 삶과 마음을 지키는 방패가 되어, 자존감을 회복하고 잘 보존할 수 있는 힘을 준다. 말씀으로 채워진 마음은 더 이상 빈집이 아니며, 그 안에는 하나님의 임재와 평안이 함께하게 된다.

12. 우울증도 치료될 수 있다는 믿음을 가지라

하재성은 우울증을 '슬픔과 함께 온 하나님의 선물'이라고 주장한다. 그의 설명에는 공감되는 부분도 있지만, 과연 처절하게 낮아진 자기를 성찰하는 우울증, 시리도록 아픈 자기 존재를 자각하는 우울증, 차라리 자신이 이 땅에서 없어지기를 바랄 만큼 부끄러운 자신을 지각하는 우울증, 그리고 자신은 아무런 가치도 없는 존재라는 우울한 공허감이 과연 하늘에서 오는 것일까? 이것이 선하신 하나님의 선물일 수 있을까? 이는 우울증의 정도에 따라 다를 수 있다. 가벼운 우울증이라면 기분 전환으로 해결될 수 있겠지만, 심한 우울증은 약물 치료와 상담 치료가 반드시 필요하다.

기분 전환으로 극복할 수 있을 정도로 가벼운 우울증이라면, 이 땅에서의 삶이 얼마나 외로운지를 깨닫게 해주는 하나님의 선물이라고 말할 수 있을 것이다. 그러나 우리가 얼마나 무기력한 존재인지, 존재가 없어지는 게 낫겠다고 생각할 정도의 우울증이라면 결코 반가운 선물이 아니다. 반갑기는커녕, 무서워하고, 두려워하며, 피하고 싶어 한다. 우울증은 알려지지 않기를 바라는 심각한 병처럼 부끄러워하고 숨기려 한다. 가능한 한 빨리 쫓아버려야 하는 역병처럼 여겨진다. 왜냐하면, 우울증을 경험하는 당사자에게 이는 너무나 창피하여 죽고 싶을 만큼 자신이 한심하게 느껴지는 병이기 때문이다. 가족들에게도 우울증은 너무나 가슴 아프고, 함께 나누기에는 너무 무거운 짐이다.

우울증은 절망과 아픔을 준다. 이것은 그리스도인과 불신자 모두에게 똑같다. 우울증은 불편하게 오래 남아 지속적으로 우리의 영혼을 고갈시키고, 인내를 절망스럽게 시험하는 영혼의 병이다. 다만, 그리스도인들은 우울의 아픔이 무의미하고 무기력하며 쓸데없는 것이 아니라는 것을 천천히, 더디게, 아주 조금씩 알아가고 받아들이게 된다. 하나님께서는 우울증을 통해서도 우리의 삶을 특별한 뜻과 의미 속에서 다루고 계신다. 그러므로 그리스도인에게 우울증은 결코 죽음으로 끝나야 하는 비극이 아니다.

고린도후서 12:9 내 은혜가 네게 족하도다. 이는 내 능력이 약한 데서 온전하여 짐이라.

앞에서 언급했듯이, 바울도 자신의 약한 부분 때문에 힘들어했던 것 같다. 하지만 하나님의 은혜를 체험한 후에 그는 '내가 약할 때가 곧 강함'이라고 고백했다. 그리고 오히려 자신의 약한 점을 자랑하며, 자신의 약함이 곧 하나님의 능력이 머물게 되는 기회가 된다고 고백하고 있다. 우울증도 이런 믿음의 차원에서 이해하고 받아들인다면 분명 하나님의 은혜를 체험하는 기회가 되리라 믿는다.

성경에는 깊은 우울의 고통 가운데서 하나님을 만난 사람들의 이야기가 소개되어 있다. 성경에서 우울증을 극복한 사례로 엘리야 선지자를 들 수 있다. 엘리야는 북이스라엘에서 활동하던 선지자로, 당시 가장 악한 왕이었던 아합 왕 시대에 활동했다. 그는 갈멜산에서 바알의 선지자들과 대결을 요청하여 큰 승리를 거두었다. 하나님께서는 엘리야의 기도를 들으시고 하늘에서 불을 내려 제물을 모두 태우는 기적을 행하셨으며, 이방신을 섬기는 제사장들 850명을 죽이는 성과를 거두었다.

그러나 갈멜산의 대결 후, 아합의 아내인 이세벨 왕비가 엘리야를 죽이겠다고 위협하자, 엘리야는 크게 두려워하며 도망치게 된다. 그는 하나님께 자신을 죽여 달라고 애원하며 자신의 외로움과 무력감을 토로한다.

엘리야의 이런 상태를 오늘날 의학으로 진단해 보면, 우울증이라고 단정짓기에는 다소 무리가 있지만, 그의 현상은 우울증의 초중기 상태와 유사하다. 따라서 엘리야의 증상을 하나님께서 어떻게 다루셨는지를 살펴본다면, 오늘날 우울증을 겪고 있는 이들에게도 분명 치료의 도움이 될 것으로 확신한다.

하나님은 엘리야의 우울증을 다음과 같은 방법으로 치료하셨다.
① **육체적 돌봄과 휴식**: 엘리야는 이세벨의 위협으로 도피하느라 매우 지쳐 있고, 깊은 상실감과 우울증에 빠져 있었다. 이런 엘리야에게 하나님은 천사를 보내어 그에게 음식을 제공하고, 충분히 휴식을 취할 수 있도록 도와주셨다. 엘리야의 이런 상태를 단순히 영적인 문제로만 보지 않고 육체의 약함 때문에 발생하는 문제로도 진단하셔서 먹게 하시고 쉬게 하셨다.

② **하나님의 음성과 확신**: 음식과 쉼을 통해 힘을 얻은 엘리야는 호렙
산에 이르러 하나님의 음성을 들었다. 하나님은 강한 바람, 지진,
불이 아닌 세미한 소리 속에서 말씀하셨다. 이 경험은 엘리야에게
하나님의 존재와 뜻을 새롭게 깨닫게 해 주었고, 신뢰와 안정감을
주었다. 자신의 가치와 역할에 대한 확신을 얻게 되었을 것이다.

③ **미래에 대한 비전**: 새로운 사명을 찾는 것이야말로 우울증을 극
복하는 동기가 된다. 하나님은 엘리야에게 새로운 사명을 주셨다.

> 열왕기상 19:15-16 여호와께서 그에게 이르시되 너는 네 길을 돌이켜
> 광야를 통하여 다메섹에 가서 이르거든 하사엘에게
> 기름을 부어 아람의 왕이 되게 하고, 또 님시의 아들
> 예후에게 기름을 부어 이스라엘의 왕이 되게 하고,
> 또 아벨므홀라 사밧의 아들 엘리사에게 기름을 부어
> 너를 대신하여 선지자가 되게 하라.

이를 통해 엘리야는 자신의 미래에 대한 새로운 비전과 희망을 갖게
되었으며, 자신의 존재와 역할에 대한 긍정적인 시각을 가지게 되었다.
자존감을 회복하게 되었고, 그로 인해 자존감이 향상되었다.

④ **혼자가 아니라는 깨달음**: 하나님께서는 엘리야에게 결코 혼자가 아
니라는 것을 일깨워주셨다. 이스라엘에는 여전히 하나님을 섬기는

7천 명이 남아 있다고 알려주셨다. "그러나 내가 이스라엘 가운데에 칠천 명을 남기리니, 다 바알에게 무릎을 꿇지 아니하고, 다 바알에게 입 맞추지 아니한 자니라"(열왕기상 19:18). 하나님은 엘리야에게 혼자가 아니며 여전히 많은 사람들이 하나님을 믿고 있다는 사실을 일깨워주셨다. 우리는 우리 주변에 나를 지지해 주는 사람들이 많다는 것을 기억해야 한다.

2020년 12월 2일 SBS에서는 '생명을 구한 시민 영웅들'이라는 뉴스를 보도했다. 그 내용은 투신자살 직전의 여성을 구한 시민들의 모습을 보도한 것이다. 2020년 11월 22일 오후 광주 어등대교를 지나던 차량들이 갑자기 비상등을 켜고 속도를 줄이기 시작한다. 한 여성이 다리 난간을 넘어가려는 모습이 보인다. 사람들이 하나둘 차에서 내려 난간을 넘어가려는 여성에게 달려간다. 이미 여성의 몸 절반이 넘어갔고 나머지 한쪽 다리마저 난간 너머를 향하는 아찔한 순간, 남성이 달려가 투신하려던 여성의 몸을 잡고 끌어내린다. 다행히 그녀를 끌어내리는 데 성공했다. 그녀는 고맙다는 말 대신 "왜 말리셨냐?"는 울음 섞인 말을 한다. 모두가 내일처럼 달려온 시민들은 따뜻한 위로를 해주었다. 그중 한 분이 "이 세상에서 너를 사랑하는 사람들이 얼마나 많은데 왜 이렇게 하니?"라고 말했다. 이 말을 들은 여성은 결국 마음을 바꿔 한 시민의 차량을 타고 집으로 돌아갔다. 절망에 빠진 한 사람이 극단적인 선택을 시도하는 아찔한 순간, 작은 관심과 따뜻한 위로로 소중한 한 생명을 지켜낸 시민 영웅들의 모습이 훈훈한 감동을 전해주고 있다. "이 세상에는 아직도 너를 사랑하는 사람들이 얼마나 많은데 왜?" 참으로 멋진 말이다.

아직까지 우리에게는 우리를 사랑하는 사람들이 많이 있다. "난 네 편이야"라고 말하는 이들이 많다. 이러한 말은 많은 사람에게 용기를 주고 소중한 존재로 만들어준다. 또한 "너는 소중한 사람이야"라는 말은 많은 이에게 큰 힘을 준다. 그렇다. 내가 사람에게도 하나님에게도 사랑받고 있다는 확실한 증거는 우울도 극복하게 만들고, 절망도 극복하게 한다.

엘리야의 모습은 신앙이 깊은 사람들도 우울증을 겪을 수 있음을 보여주며, 기적적인 사건 후에도 감정적 고통을 겪을 수 있음을 상기시켜 준다. 특히 엘리야의 이야기는 우울증을 겪는 사람들에게 더 큰 이해와 공감, 신앙적 위로를 제공한다.

우울증은 치료될 수 있다. 믿음을 강화하는 것은 우울증 치료에 효과적이다. 신앙생활은 우울증 치료에 큰 도움을 줄 수 있다.

먼저, 신앙은 많은 사람들에게 일종의 지지 체계가 될 수 있다. 교회 공동체에 소속되어 있으면, 다른 사람들과 교류하고 소통하며 지지를 공유할 수 있다. 이것은 우울증에 대한 괴로움을 완화하는 데 도움이 될 수 있다.

둘째, 신앙은 자신과 다른 사람, 그리고 세상을 바라보는 자세를 바꿔주며, 긍정적인 자아 이미지를 형성하도록 도와준다.

셋째, 신앙은 스트레스 관리에 도움이 되는 다양한 방법을 제공한다. 예배, 기도, 찬양, 성경 묵상 등은 마음의 안정을 가져다주며, 이는 우울증을 관리하는 데 도움이 된다.

마지막으로, 신앙은 희망과 의미를 제공한다. 우울증은 종종 인생에서 의미를 찾지 못할 때 발생할 수 있다. 그러나 신앙은 삶에 대한 깊은 이해와 의미를 제공할 수 있다.

인근 교회에서 있었던 이야기다. 우울증으로 약을 복용하던 한 집사님이 있었다. 그녀는 낫고 싶다는 간절한 소원을 가지고 있었다. 그 교회 목사님은 이렇게 조언했다고 한다. 사람은 영과 혼, 육체로 구성되어 있으며, 이들은 서로 긴밀한 연관이 있다. 신경 쓰는 일이 많으면 위장에 문제가 생기고, 감기에 걸리면 마음도 약해진다. 잠을 자다가 악몽을 꾸면 식은땀을 흘리기도 한다. 꿈은 분명히 무의식적인 영역인데, 그 무의식이 육체에 영향을 미쳐 땀을 흘리게 한다. 아무리 기도를 많이 해도 밥을 안 먹으면 배가 고프고, 마음이 심란하면 기도도 잘 되지 않는다. 이처럼 마음은 정신적인 영역이고, 기도는 영적인 영역이며, 육체는 육체적인 영역인데, 서로 영향을 주고받는다.

따라서 치유를 위해서는 세 가지가 병행되어야 한다. 첫째, 육체도 건강한 상태를 유지하도록 힘써야 한다. 햇빛도 보고, 운동도 해야 하며, 필요하면 약도 복용해야 한다. 둘째, 정신이 건강하기 위해서는 좋은 음악을 듣고, 긍정적인 생각을 해야 한다. 셋째, 영의 건강을 위해 말씀을 듣고, 기도도 해야 한다. 이렇게 영혼과 육체의 모든 영역에서 건강을 위해 노력할 때, 치유의 역사는 더욱 빨라질 것이다.

이 말을 들은 집사님은 치유받고 싶은 간절한 마음으로 권면한 대로 실천했다. 약도 복용하고, 햇빛을 보며 산책도 하고, 운동도 했다. 좋은 음악을 듣고 긍정적인 생각을 하며 그것을 일기장에 적기도 했다. 그리고 친구에게 부탁해 매일 새벽기도회에 나갔다. 그렇게 2개월이 지난 어느 날, 의사로부터 더 이상 약을 먹지 않아도 된다는 진단을 받았다. 본인 스스로도 완전히 치유된 것 같다고 고백했다. 이처럼 우울증 치유에 있어서 신앙의 영향은 대단히 중요하다.

또한, 자존감을 높이는 것이 우울증 치료에 효과적이다. 우울증은 낮은 자존감과 관련이 있기 때문에, 높은 자존감에 대한 지식은 우울증 치료에 도움을 줄 수 있다. 높은 자존감을 유지하는 가장 좋은 방법 중 하나는 긍정적인 자기 대화를 실천하는 것이다. 이는 자신에게 긍정적인 말을 하며, 자신에 대한 부정적인 생각을 바꾸는 것이다. 예를 들어, "나는 잘 할 수 있다. 하나님은 나를 변함없이 사랑하신다."라는 긍정적인 대화를 자주 하거나, 자신에 대한 부정적인 생각이 들 때 이를 긍정적인 방향으로 바꾸는 능력을 키우는 것이다.

또한, 자존감은 개인의 가치, 능력, 취향, 관심사 등을 인식하고 존중하는 것과 관련이 있다. 따라서 자신의 가치와 능력을 인식하고 이를 증진시키는 일은 우울증 치료에 매우 중요하다. 이를 위해서는 자신에게 도전하는 일이나 자신이 좋아하는 일을 하며 자신의 능력을 발휘하는 것이 좋다. 높은 자존감은 우울증 치료에 중요한 역할을 한다. 우울증으로 고통받는 이웃이 있다면, 그들의 아픔에 진정으로 공감해 주는 것이야말로 진정한 사랑의 실천이 될 것이다.

우울한 이들은 게으른 사람들이 아니다. 이들은 우울한 사람들이다. 의지가 약한 사람들이 아니라 마음이 아픈 사람들이다. 우울한 이들에게 아침이 얼마나 자신을 비참하게 만드는지, 하루를 숨 쉬며 시작하는 것이 얼마나 부담스러울지 상상할 수 있는 사람은 그리 많지 않을 것이다.

『삶이 내게 말을 걸어올 때』의 저자 파커 J. 파머는 심한 우울증을 겪은 여성과 진솔하게 나누었던 이야기를 소개하고 있다. 내담자는 그에게 "왜 자살하는 사람이 있는 걸까요? 다른 사람들은 잘 사는데 말이에요."라고 물었다. 그는 그 질문이 살려고 애쓰는 데서 나온 질문이란 걸 알았기 때문에 신중하게 대답하고 싶었지만 떠오르는 대답이 하나뿐이었다고 한다. "모르겠어요, 정말이지 모르겠습니다."

그녀가 가고 나서 그는 후회했다. 진실이 아니더라도 좀 더 희망에 찬 대답을 찾아낼 수 없었을까? 2-3일 후, 그녀는 그와 나눈 대화에 대해 편지를 보내왔다. '모르겠다.'는 그의 대답이 마음에 남았다는 내용과 함께, 독실한 기독교 신자였던 그녀에게 또 다른 대안을 제시했다고 한다. 그녀가 속한 교회에서는 자살하는 사람은 믿음이 부족하거나, 선행이나 하나님이 그들을 구해 줄 만한 어떤 장점이 없기 때문이라고 말했다고 한다. 그러나 그의 '모른다'는 대답이 그녀를 자유롭게 해 주어 더 이상 자신을 심판하는 일을 하지 않게 되었다고 한다. 그리고 하나님이 그녀를 심판하실 거라는 믿음도 그만두게 되었다. 그 결과, 그녀의 우울증은 한결 나아졌다고 한다.

이 경험을 통해 그는 우울증에 빠진 사람에게 진실을 이야기하는 것이 중요하다고 말한다. 만약 그가 바라는 대답을 했다면 그녀의 마음을 감동시키지 못했을 것이라고 강조한다. 우울증에 대한 지식이 없다면 권면이나 충고를 자제해야 한다. 좋은 의도로 '이렇게 해보라, 저렇게 해보라'고 권하는 것은 오히려 더 깊은 우울증으로 밀어 넣을 수 있다. 머리로는 이해하지만 감각적으로는 수용하기 어려운 충고는 결국 더 깊은 우울함으로 이어질 수 있다.

욥의 친구들이 저지른 실수는 욥을 돕겠다고 충고하거나 정죄한 것이다. 우울증을 가진 사람에게 하는 충고는 오히려 관계를 더욱 악화시킬 뿐이다. 가장 지혜로운 방법은 남의 고통을 고치겠다고 덤비지 않고, 그 사람의 아픔과 고통의 가장자리에서 공손하게 서 있는 것이다. 그저 공감을 해주는 것이다. 이렇게 곁에 함께 있어 주고 공감해 주는 가족과 친구들이 몇 명 있다면, 우울증을 극복하는 데 큰 도움이 될 것이다.

『당신이 옳다』의 저자 정혜신은 우울증으로 고통받는 이들에게 공감하는 방법을 소개하고 있다. "누군가 고통과 상처, 갈등을 이야기할 때는 '충고나 조언, 평가나 판단'을 하지 말아야 한다. 그래야 비로소 대화가 시작된다." 모든 고통은 개인적이고 주관적이므로 비교해서는 안된다. 다른 사람과 비교하는 것은 오히려 상처를 유발할 수 있다. 충고, 조언, 평가, 판단은 우울증을 앓고 있는 사람들에게 상처가 될 수 있다.

우리는 종종 어쭙잖게 지레짐작하여 해석하곤 한다. '네가 그런 건 이런 이유 때문이 아닐까?'라고 생각하며, 끊임없이 해석하고 판단하며 분석하거나 다양한 조언과 충고를 하게 된다.

내 상황을 제대로 이해하지 못하는 사람들이 해주는 조언이나 충고는 받아들이기 어려울 수 있다. 내담자는 때때로 화를 내기도 하며, 상대를 배려하여 "어, 그래 알았어. 조언 고마워, 그렇게 하는 게 좋겠어."라고 말할 수 있지만, 그 말이 마음에 와닿지 않는 경우가 많다. 이는 조언이 전혀 도움이 되지 않는다는 것을 의미한다.

공감은 토를 달지 않고 그 감정을 온전히 흡수하는 것이다. 공감이란 "네 마음이 옳다." "네가 그런 마음을 가지게 된 이유가 있다," "내가 들어보니 그 이유가 이해가 된다, 느껴진다"는 식으로 상대의 감정을 인정하고 이해하는 것이다.

그러나 공감에 머물러서는 안 된다. 공감은 출발점일 뿐이며, 목표는 우울증으로 고통받는 이들에게 하나님의 사랑과 관점을 전하는 것이어야 한다. 이를 통해 그들이 희망과 치유를 발견할 수 있도록 돕는 것이 중요하다.

김예식은 『우울증 치료』에서 우울증의 주요 원인이 자기 자신에 대한 부정적 견해와 비관적 전망에 있다고 말한다. 우울증은 사건 자체보다는 그 사건을 바라보는 왜곡된 사고에서 발생하며, 이를 신앙적 사고로 교정하는 '생각 바꾸기'를 통해 치료될 수 있다고 주장한다. 즉, 우울증을 극복하기 위해서는 부정적 사고를 긍정적이고 신앙적인 관점으로 전환하는 것이 필요하다는 것이다.

자신이 하나님으로부터 버림받았다고 느끼는 것보다 더 괴로운 일은 없다. 그러나 하나님이 여전히 자신을 사랑하시고 돌보신다는 바른 신념으로 전환되면, 우울증의 절망적인 늪에서 벗어날 수 있다. 신앙적 사고로의 변화는 이러한 신념을 강화하여 우울증에서 벗어나는 데 도움을 줄 수 있다.

13. 자신을 사랑스럽게 여기고 그렇게 대하라

자신을 미워하지 않기 위해서는 자신의 가치에 대한 믿음을 가져야한다. 우리는 자신을 가장 소중하게 생각해야 하지만, 자신을 미워하는 사람이 적지 않다. 이는 우리를 사랑하시는 하나님을 슬프게 하는 일이다. 성경은 하나님이 우리를 얼마나 사랑하셨는지를 여러 곳에서 말씀하고 있다.

요한복음 3:16   하나님이 세상을 이처럼 사랑하사 독생자를 주셨으니 이는 그를 믿는 자마다 멸망하지 않고 영생을 얻게 하려 하심이라

로마서 5:8   우리가 아직 죄인 되었을 때에 그리스도께서 우리를 위하여 죽으심으로 하나님께서 우리에 대한 자기의 사랑을 확증하셨느니라

요한일서 3:1   보라 아버지께서 어떠한 사랑을 우리에게 베푸사 하나님의 자녀라 일컬음을 받게 하셨는가, 우리가 그러하도다 그러므로 세상이 우리를 알지 못함은 그를 알지 못함이라

사람은 사랑을 받으면 가치가 상승한다. 스티븐 코비(Stephen Richards Covey)의 『오늘 내 인생 최고의 날』에 나오는 이야기다.

남태평양의 키니와타 섬에 자니 링고라는 사람이 있었다. 그는 주변에서 성실하다는 평가를 받는 좋은 사람이었다. 링고는 최근에 결혼했는데, 이로 인해 사람들로부터 비웃음을 샀다. 결혼할 때 남자가 여자의 아버지에게 혼수로 암소를 지불해야 하는 이 섬의 관습 때문에, 링고는 아내인 사리타에게 암소 여덟 마리를 주었기 때문이다. 예쁘게 생긴 여자라면 보통 암소 네 마리, 조금 매력이 떨어지면 암소 세 마리를 주는 것이 일반적이었으나, 마르고 어깨가 구부정한 빈약한 모습의 사리타에게 링고가 암소 여덟 마리를 주었으니, 주변의 비웃음을 살 만했다.

선교사가 링고의 집을 방문했을 때, 그는 링고의 아내 사리타를 보는 순간 놀랐다. 소문과 달리 그녀는 너무나 아름다운 모습의 여인이었기 때문이다. 선교사는 링고에게 물었다. "아내의 모습이 왜 소문과 이토록 다르죠?" 링고는 대답했다. "결혼 전에 여자들끼리 모여 하는 이야기를 들었습니다. 한 여자가 '나는 암소 네 마리에 시집왔다'고 말하면, 다른 여자는 '나는 암소 다섯 마리에 시집왔다'고 자랑하죠. 하지만 암소 한 마리에 시집온 여자는 고개를 숙이고 말이 없습니다. 저는 아내 사리타의 자존심을 상하게 하고 싶지 않았습니다. 그래서 그녀가 자부심을 가질 수 있도록 암소 여덟 마리를 주고 결혼한 것입니다."

그랬더니 부족해 보이던 아내 사리타가 암소 여덟 마리에 걸맞은 멋진 여인으로 거듭난 것이다. 가치 있게 봐주는 눈, 넉넉하게 평가해 주는 따뜻한 마음이 사람을 변화시킨 것이다. 아내가 남편의 사랑을 받을 때, 스스로를 가치 있게 여기게 된다. 사람은 가치 지향적이다. 자기를 가치 있게 여기면 그에 맞게 아름다운 모습으로 변화된다. 남편이 암소 네 마리를 주면 자신을 네 마리 정도의 가치로 여기고, 두 마리를 주면 자신을 두 마리 정도의 가치로 생각한다.

그렇다면 하나님께서 우리를 위해 지불한 것은 얼마나 될까? 사랑하는 독생자 예수를 내어주셨다. 그 어떤 것과도 비교할 수 없는 가치를 지닌 예수님을 주셨다는 것이다. 이는 하나님이 우리에게 예수님과 같은 가치를 부여하셨다는 것을 의미한다. 그러므로 '당신은 하나님에게 소중한 사람이다.' 그것을 믿으라.

종교개혁자 마틴 루터(Martin Luther)는 우리들의 가치에 대해 이렇게 말했다. "당신이 가치 있는 존재이기 때문에 하나님이 당신을 사랑하시는 것이 아니라, 그분이 당신을 사랑하기 때문에 당신이 가치 있는 것이다. 하나님은 우리를 창조하기를 원하셨고, 처음부터 우리를 사랑하셨다." 이 말은 너무나 중요한 말이다. 읽고 또 읽으라. 나를 사랑해 주셔서 나를 가치 있는 인생으로 바꾸어주신 하나님을 찬양하자.

C.S. 루이스(Lewis)는 「순전한 기독교」에서 기독교적 의미의 사랑은 감정이 아니라 의지라고 주장하고 있다. 그는 이렇게 말한다. "우리 모두에게 주어진 법칙은 아주 간단합니다. 자신이 이웃을 사랑하나 사랑하지 않나 고민하느라 시간을 낭비하지 마십시오. 그냥 그를 사랑한다고 치고 행동하십시오. 그러면 곧 위대한 비밀 하나를 발견할 것입니다. 어떤 사람을 사랑한다고 치고 행동하면, 얼마 지나지 않아 진짜로 그를

사랑하게 된다는 비밀 말입니다. 어떤 사람이 싫다고 해서 상처를 주면, 점점 더 그가 싫어집니다. 그러나 싫은 사람이라도 잘 대해주면, 점점 덜 싫어집니다... (중략) 나의 행복을 바라듯 그의 행복을 바라는 마음으로 잘해 준다면, 그때마다 우리는 조금씩 더 그를 사랑하게 될 것이며, 아니면 적어도 덜 싫어하게 될 것입니다."

그렇다. 사랑은 감정이 아니라 의지이다. 그의 주장대로 그 사랑의 대상을 '너'가 아니라 '나'에게 적용해 보자. 그저 나를 사랑한다고 가정하고 행동해 보라. 그러면 얼마 지나지 않아 진짜로 나 자신을 사랑하게 될 것이다. 내 자신을 잘 대해주면, 나에 대한 부정적인 감정도 점차 사라질 것이다. 앞으로 나를 사랑하겠다는 의지를 가지고 나 자신을 대하자. 그러면 나의 가치가 상승하고, 나의 새로운 면을 발견하게 될 것이다.

> 당신이 가치 있는 존재이기 때문에 하나님이 당신을 사랑하시는 것이 아니라, 그분이 당신을 사랑하기 때문에 당신이 가치 있는 것이다. -마틴 루터(Martin Luther)

> 그저 나를 사랑한다고 가정하고 행동해 보라. 그러면 얼마 지나지 않아 진짜로 나를 사랑하게 될 것이다. 나를 잘 대해주면, 나에 대한 부정적인 감정도 점차 사라질 것이다. 앞으로 나를 사랑하겠다는 의지를 가지고 나 자신을 대하자. 그러면 나의 가치가 상승하고, 나의 새로운 면을 발견하게 될 것이다.

14. 자기 자신에게 칭찬을 아끼지 말라

피그말리온 효과라는 말을 들어본 적이 있을 것이다. 피그말리온은 그리스 신화에 나오는 조각가의 이름으로, 심리학 용어이기도 하다. 조각가 피그말리온은 아름다운 여인상을 조각하고 그 여인상에 진심으로 사랑을 쏟았다. 이에 여신 아프로디테는 그의 사랑에 감동하여 여인상에게 생명을 불어넣어 살아 있는 여인이 되게 했다.

이처럼 타인의 기대나 관심을 받고 그 관심으로 인해 능률이 오르거나 좋은 결과를 낳는 현상을 피그말리온 효과라고 한다. 교육심리학에서는 교사의 기대가 학생에게 긍정적인 영향을 미치는 심리적 요인이 된다는 것을 뜻한다. 교사의 기대와 격려는 학생들이 부응하려고 노력하게 만든다.

제임스 L. 브룩스가 감독한 〈이보다 더 좋을 수는 없다〉라는 영화가 있다. 주인공 멜빈은 유명한 소설가이지만 괴팍하고 편협하며 강박관념에 사로잡힌 인물이다. 그는 식당에서 자신이 찜해둔 자리에 앉기 위해 수단과 방법을 가리지 않으며, 남의 이야기를 듣지 않고 자기 주장만을 내세우고, 인도를 걸을 때는 보도블록의 금이 밟히지 않도록 애쓴다.

그런 멜빈에게 사랑하는 사람이 생겼으니 바로 식당 종업원 캐럴이다. 멜빈은 캐럴의 묵묵한 경청에 감동하여 사랑에 빠진다. 멜빈은 매번 캐럴에게 사랑을 고백하지만 차이기 일쑤이다. 그러나 멜빈에게 결정적인 순간이 오게 된다. 멜빈의 실수로 화가 잔뜩 난 캐럴에게 멜빈의 진심 어린 칭찬이 그녀의 마음을 여는 결정적인 계기가 된다. 다음은 두 사람의 대화 내용이다.

캐럴: 칭찬 한 가지만 해봐요
멜빈: 정신과적인 문제가 있는데 … 얼마 전부터 약을 먹기로 했어요,
캐럴: 그게 무슨 칭찬이에요?
멜빈: 당신은 나를 더 나은 사람이 되고 싶게 만들었어요(You made me want to be a better man).
캐럴: 그건 내 인생 최고의 칭찬이에요(That's maybe the best compliment of my life).

지독한 결벽증 환자이자 타인에게 까칠하게 대하는 독설가였던 멜빈을 변하게 했던 것은 바로 사랑의 힘, 칭찬의 힘이었다. 이처럼 사랑의 힘은 사람을 달라지게 만든다.

켄 블랜차드(Ken Blanchard)가 쓴 『칭찬은 고래도 춤추게 한다』라는 책이 있다. 이 책이 쓰이게 된 배경은 다음과 같다. 킹슬리라는 사람이 휴가 중 머리를 식히기 위해 플로리다의 해상 동물원을 방문하고, 거기서 범고래 쇼를 보게 된다. 거대한 범고래들이 신나게 묘기를 부리고 있었다. 구경꾼들에게 꼬리로 물벼락을 뒤집어씌우기도 하고, 익살스럽게 꼬리를 흔들어 보이기도 했다.

이때 킹슬리는 이렇게 생각했다. "나는 부하 직원 몇 사람, 아니 내 자식 한두 명을 가르치는 데도 힘이 들고 지치는데, 여기서는 어떻게 저토록 덩치가 크고 말도 통하지 않는 범고래를 훈련시켜 묘기를 하게 했을까?" 이 질문이 참으로 궁금했다. 그래서 그는 조련사를 찾아가 대화를 나누며 놀라운 통찰력을 얻게 되었고, 이 지혜를 바탕으로 회사와 가정을 변화시키게 되었다.

첫째, 범고래는 신뢰가 형성될 때까지 말을 듣지 않는다는 것이다. 사람도 마찬가지이다. 사람을 세우고 사람을 키우기를 원한다면 인내심을 가지고 신뢰가 형성될 때까지 기다려야 한다. 상대방의 마음을 얻으려면 먼저 신뢰를 얻어야 한다.

둘째, 잘한 일에 초점을 맞추라는 것이다. 범고래를 훈련하는 조련사들은 잘못한 행동을 못 본 척하고, 빨리 다른 행동으로 유도한다. 그리고 긍정적인 것을 강조하며, 잘못된 행동에 쓰일 에너지를 다른 곳으로 전환시켜 준다. 조련사가 범고래를 진심으로 사랑하고 칭찬하며 격려할 때, 범고래는 인간의 마음을 놀랍도록 정확하게 이해하게 된다.

셋째, 과정을 칭찬하라는 것이다. 우리는 칭찬을 결과에 대한 보상으로 알고 있다. 그러나 저자는 노력한 과정까지도 칭찬하라고 말한다. 결과에 초점이 맞춰져 있으면 똑같은 결과를 내지 못했을 때 오히려 낙심할 수 있다. 하지만 과정에 초점이 맞춰지면 결과에 상관없이 열심히 한 그 노력에 초점이 맞춰진다. 사람들은 결과보다는 과정에 대해 칭찬을 받을 때 더욱 열심히 노력하는 경향이 있다.

성공 경험이 많을수록 자존감은 높아진다. 사람들에게 칭찬받는 일이 많을수록 자존감이 상승한다. 반대로 성공 경험이 부족하거나 실수와 실패의 빈도가 높을 때는 자존감이 급격히 떨어질 수 있다. 이러한 상황에서는 자신을 학대하며 "나는 뭘 해도 안 돼"라는 잘못된 신념을 가지게 된다. 만약 어떤 일에서 자주 실패하고 책망을 많이 들어 자존감이 바닥으로 떨어졌다면, 자신감 있고 열정적인 일을 찾아보라. 작은 성취부터 시작해 보라. 그러면 나도 잘할 수 있구나 하고 자신감을 갖게 되고 자존감이 상승할 것이다. 그러므로 칭찬받을 일을 찾아보는 것이 좋다.

칭찬은 자존감을 높인다는 사실을 기억하라. 다른 사람의 칭찬이 자신의 자존감을 높이는데 이렇게 중요한 역할을 한다면, 자신이 자신을 칭찬할 때는 어떤 일이 일어나겠는가? 자신을 책망하고 비난하는 것을 멈추고 이제는 자신을 진정으로 칭찬해보자. 그러면 우리의 자존감은 급상승할 것이다. 아침마다 거울 속에 자신을 향해 "너는 소중한 존재야, 너는 사랑스러워"라고 외쳐보자.

아침마다 보는 거울을 향해 "너는 소중한 존재야,
너는 사랑스러워"라고 외쳐보자.

15. 긍정적인 말을 많이, 자주하라

'말이 씨가 된다'는 옛말이 있다. 이는 말조심에 대한 선조들의 가르침이자, 말이 가진 힘의 중요성을 의미한다. 미국의 뇌 전문 학자들의 연구에 따르면, 사람의 뇌세포는 약 230억 개이며, 이 중 98%가 말의 영향을 받는다고 한다. 최근 신경의학계에서는 뇌 속의 언어 중추 신경이 모든 신경계를 지배한다는 사실이 발견되었다. 즉, 언어가 인간의 신경에 영향을 준다는 것이다.

야고보서 3:2   우리가 다 실수가 많으니 만일 말에 실수가 없는 자라면 곧 온전한 사람이라 능히 온 몸도 굴레 씌우리라

일본의 파동학자인 에모토 마사루(Emoto Masaru)는 그의 책 『물은 답을 알고 있다』에서 물도 사랑에 반응한다는 것을 발견했다. 우리가 물을 향해 심한 모욕의 말을 하면 물의 결정체가 흉하게 깨져 모양이 형편없이 변한다. 만약 그 물에 '악마'라는 글씨를 써서 붙이면 결정체 가운데 보기 흉한 구멍이 뚫린다. 반면 물을 보고 "고맙습니다. 감사합니다"라는 긍정적인 말을 하면 물의 결정체는 아름다운 육각형을 띠고, 나아가 "너를 사랑해!"라고 물을 향해 말하면 가장 아름다운 결정체로 변한다. 이는 사랑의 주파수가 물 분자에 영향을 미치기 때문이다. 이처럼 물도 사랑을 받으면 생기가 나고 아름다워진다. 하물며 사람은 어떻겠는가? 사람의 인체는 60%가 물로 구성되어 있다. 서로를 미워하고 저주

하거나 자신을 미워하며 "나는 형편없는 사람이야, 나는 뭘 해도 안 될 거야"라고 계속 이야기한다면 우리의 세포들이 망가지지 않겠는가? 말한 대로 되는 것이다.

구약성경 민수기 14장에서는 이스라엘 백성들이 목적지 가나안 땅에 들어갈 수 없다는 정탐꾼들의 보고를 듣고 망연자실하여 하나님을 원망하여 불행한 결과를 가져오게 되는 내용이 기록되어 있다.

민수기 14:1-3   온 회중이 소리를 높여 부르짖으며 백성이 밤새도록 통곡하였더라 이스라엘 자손이 다 모세와 아론을 원망하며 온 회중이 그들에게 이르되 우리가 애굽 땅에서 죽었거나 이 광야에서 죽었으면 좋았을 것을 어찌하여 여호와가 우리를 그 땅으로 인도하여 칼에 쓰러지게 하려 하는가 우리 처자가 사로잡히리니 애굽으로 돌아가는 것이 낫지 아니하랴

이에 하나님께서 그들의 원망하는 말을 모두 들으시고 이렇게 말씀하신다.

민수기 14:28   그들에게 이르기를 여호와의 말씀에 내 삶을 두고 맹세하노라 너희 말이 내 귀에 들린 대로 내가 너희에게 행하리니

그들이 말한 대로 행하시겠다고 하신다. 얼마나 두려운 말인가? 말에는 권세와 능력이 있다. 마가복음 11장 12절 이하에 보면, 예수님이 아침에 예루살렘 성전으로 올라가시다가 길가에 있던 무화과나무에 다가가 열매가 있는지 살펴보셨다. 보통 무화과는 4월부터 10월까지 5번에 걸쳐 열매를 맺는다. 무화과는 잎사귀와 동시에 열매를 맺게 된다. 그런데 잎사귀는 있는데 열매가 없자, 예수께서 "이제부터 영원토록 사람이 네게서 열매를 따먹지 못하리라."(마가복음 11:14)고 하셨다. 그 다음 날 아침, 다시 그곳을 지나다가 제자들이 보니 그 무화과나무가 뿌리까지 말라 있었다. 베드로가 놀라서 예수님께 말했다. "랍비여, 보소서. 저주하신 무화과나무가 말랐나이다." 그때 예수께서 이렇게 말씀하셨다. "하나님을 믿으라. 내가 진실로 너희에게 이르노니, 누구든지 이 산더러 들리어 바다에 던지우라 하며, 그 말하는 것이 이루어질 줄 믿고 마음에 의심치 아니하면 그대로 되리라."(마가복음 11:22-23)

여기서 '누구든지'라는 말에 주목해 보자. '누구든지', 즉 하나님을 믿는 사람이라면 어떤 사람이든지 말의 권세를 갖고 있다는 말이다. 다시 말해서, 말을 선포하고 자신의 말이 그대로 이루어질 것이라고 믿고 전혀 의심하지 않으면 그대로 된다는 것이다. 말한 대로 된다고 하니 우리가 무슨 말을 하는지가 얼마나 중요한지를 알게 된다. 말대로 운명과 인생이 결정된다.

말은 우리 인생의 행복과 불행을 결정하는 핸들과 같다. 자동차의 핸들을 어떻게 움직이느냐에 따라 목적지가 달라지듯이, 사람은 어떤 말을 하느냐에 따라 그 사람의 인생이 달라질 수 있다. 반대로 우리의 말이 상대방의 운명을 결정짓는 역할을 하기도 한다. 특히 어린 시절 어떤 말을 하는 사람과 함께 하느냐는 그 사람의 인생을 결정짓는 매우 중요한 문제이다. 이것이 좋은 스승과 좋은 부모를 만나야 하는 이유이기도 하다. 우리가 지금까지 우리 자신을 위해 내뱉었던 모든 부정적인 이야기와 저주에 가까운 말들이 그대로 이루어진다면, 얼마나 두려운 일인가? 그러므로 자존감을 높이기 위해서는 긍정적인 말이 필수적이다.

자존감이 낮은 사람들은 모든 원인을 자신의 잘못으로 돌리는 경향이 있다. 스스로를 무자비하게 정죄하고 비난한다. 예를 들어, 성폭행을 당한 여성의 경우, 그녀는 자신이 피해자임에도 불구하고 "내가 못나서 그런 일을 당한 거야"라고 스스로를 비난한다. 이는 절대 옳지 않다. 비난의 방향이 잘못되었다. 비난은 가해자가 받아야 한다. 당신이 잘못한 것이 아니다! 스스로를 비난하지 말고, 슬퍼하는 자신을 위로하라. 마치 곤경에 처한 다른 사람을 위로하듯이, 슬픔에 빠진 자신을 위로해 보자.

우울증을 앓고 있는 사람들은 자신에 대해 부정적인 말을 자주 한다. "내 인생은 왜 이렇게 제대로 되는 게 하나도 없어? 어릴 때도 그랬고 앞으로도 늘 그럴 거야. 내 인생은 늘 꼬이기만 할 거야. 친구들은 결혼을 하고 잘 나가는데, 나는 언제까지 이 꼴로 살아야 돼? 내일이 두려워, 내일이 오지 않았으면 좋겠어. 나는 인정받지 못할 거야. 난 뭘 해도 안돼. 차라리 빨리 죽었으면 좋겠어." 이러한 때, 스스로를 위로하는 것이 필요하다. 스스로에 대한 위로는 자존감이 무너지는 것을 막을 수 있다.

당신이 사랑받지 못한다고 해도, 그것은 당신의 잘못이 아니다. 시험을 못 봤다고 해서 나쁜 학생이 아닌 것과 마찬가지다. 자기 비난을 멈추고 자신에게 사과해야 한다. 오늘 저녁, 거울 앞에 서서 사과해 보자. "미안해. 그게 뭐 그리 대단한 거라고 나를 미워했어." "미안해! 이미 마음이 힘들었을 텐데, 그걸 숨기려고 했어. 당당하지 못해서 정말 미안해"라고 소리 내어 말하자. 우리는 그동안 자신에게 만족하지 못했고, 나를 그대로 받아주지 못했다. 우리의 외모를 사랑하지 못했고, 성격에 불만을 느꼈으며, 처지를 비관하고 현실을 부끄러워했으며, 꿈을 숨겨왔다.

자신에게 참 미안한 일이다. 따라서 일단 사과부터 해야 한다. 그것이 자존감이 낮았던 '과거의 나'와 노력 중인 '현재의 나'가 화해하는 길이다. 이렇게 함으로써 우리는 변화하기 시작할 것이다.

조용기는 그의 책 『행복을 주는 말』에서 살찐 사람을 대상으로 속옷을 만들어 부자가 된 여자 사업가 오스틴의 성공 사례를 소개하고 있다. 그녀는 처음 사업을 구상하면서 시장 조사를 한 결과, 뚱뚱한 사람들이 속옷을 구매하는 데 두 가지 문제가 있음을 알게 되었다. 첫 번째는 그들이 입을 속옷이 마땅치 않다는 것이었다. 뚱뚱한 사람도 예쁜 속옷을 사고 싶어 하는데, 예쁘고 아름다운 속옷은 거의 모두 날씬하거나 적당히 살찐 사람들을 위해 제작되고 있어서 이들을 위한 예쁜 속옷은 제작조차 되지 않았다. 그래서 그녀는 이 사실에 착안하여 뚱뚱한 여성들을 위한 예쁘고 아름다운 속옷을 만들기 시작했다.

시장 조사 결과 나타난 두 번째 문제는 뚱뚱한 사람들이 속옷 가게에 가서 '빅 사이즈(big size)'를 보여 달라고 말하는 것을 쑥스러워한다는 점이었다. '빅 사이즈'라는 말의 분위기가 구매자로 하여금 수치심을 느끼게 하는 것이 문제였다. 그렇다면 아무리 예쁘고 아름다운 큰 사이즈의 속옷을 만든다 하더라도 판매가 어려울 것이 뻔했다.

그래서 오스틴은 한 가지 아이디어를 생각해 냈다. '빅 사이즈'라는 말 대신 '퀸(Queen) 사이즈'라는 표현을 만들어낸 것이다. '크고 뚱뚱한 사람들이 입는 속옷'이라는 느낌을 주는 '빅 사이즈' 대신, '여왕이 입는 속옷'이라는 의미로 표현을 바꾸었다. 오스틴은 자신의 회사에서 출시된 속옷을 입는 사람들에게 잠시나마 자신이 뚱보가 아니라 여왕으로 대접받고 있다는 느낌을 주고 싶었다. 그의 이러한 긍정적인 말과 믿음은 부정적인 생각에 사로잡혀 있는 사람들을 긍정적으로 변화시켰고, 사업도 성공하게 되었다. 이처럼 당신이 사용하는 한 마디의 말이 당신과 당신의 말을 듣는 사람들을 뚱보로 만들 수도 있고, 반대로 여왕으로 만들 수도 있다. 이 사례는 긍정적인 말의 위력이 얼마나 큰지를 잘 보여준다.

자존감을 높이기 위해 긍정적인 말은 매우 중요하다. 이제부터 자신에 대한 비난을 멈추고 자신을 칭찬하라. "나는 그리스도 안에서 행복한 사람이다"라고 고백하라. 그리고 말한 대로 이루어질 것을 믿으라. 또한 다른 사람들에게 긍정적이고 칭찬의 말을 많이 하자.

이제부터 자신에 대한 비난을 멈추고 자신을 칭찬하라. 나는 그리스도 안에서 행복한 사람이라고 고백하라. 그리고 말한 대로 이루어질 것을 믿으라.

16. 자아상을 고양시키라

죠시 맥도웰(Josh Mcdowell)은 생활 속에서 자아상을 고양시키기 위한 방법을 다음과 같이 제시한다.

① 당신 자신에 대해서 부정적인 표현을 쓰지 말라('나는 서투르다' 등). 당신이 쓰는 표현대로 당신은 그렇게 되기 쉽다.

② 두려운 순간에도, 특히 내키지 않을 때에도 당당하게 행동하라.

③ 실패를 했을 때 그것을 인정하며 너의 하나님 아버지께 그것을 고백하고 자신을 비난하는 일을 삼가라. '그러므로 이제 그리스도 예수 안에 있는 자에게는 결코 정죄함이 없나니'(로마서 8:1). 기억하라, 당신이 그리스도를 닮아가고 있는 것을. 성장하는 데는 시간이 걸린다. 다른 사람에게 하듯이 당신 자신에게 친절하라.

④ 당신 자신을 다른 사람과 비교하지 말라. 당신은 오직 하나이다. 당신이 오직 한 사람인 것을 기뻐하신다. 당신도 당신 자신에 대해서 그런 태도를 지녀라.

⑤ 다른 사람들의 비판이 아니라 하나님의 은총, 사랑, 인정을 집중적으로 묵상하라.

⑥ 생을 즐기고 당신을 기뻐하는 적극적인 친구를 사귀어라.

⑦ 다른 사람이 자신들을 인정하고 사랑하고 격려함으로써 하나님이 그들을 보시듯 그들 자신을 볼 수 있도록 돕기 시작하라. 하나님이 창조하신 인간으로서 지니고 있는 존엄성을 그들이 알게 하라.

⑧ 웃는 법을 배워라. 생활 속에서 유머를 찾고 그것을 체험하라.

⑨ 모든 사람의 독특한 재능, 능력, 잠재력을 생각하면서 다른 사람들에 대한 현실적인 기대를 가지라.

⑩ 긴장을 풀고 여유를 가져라. 죄 없는 예수께서 3년 동안의 목회를 위해 30년을 준비하면서 기다렸다면, 아마 하나님은 당신이 생각하는 만큼 당신을 서둘러 쓰시지 않을 것이다.

⑪ 하나님이 보시기에 옳고 즐거운 일을 하라. 우리의 삶이 하나님의 성품을 반영할 때, 우리는 더욱 행복해지고 우리 자신에 대한 태도도 달라진다.

⑫ 긍정적이 되라(빌 4:8). 다른 사람이나 혹은 어떤 상황에 대해서 부정적인 말을 하지 않고 당신이 얼마나 지낼 수 있는지 살펴보라.

⑬ 강요보다는 감화와 지혜로운 인도로 다른 사람들을 지도하라.

⑭ 하나님이 보여주신 아가페적인 사랑과 일치하는, 그러나 한계 안에서 균형을 잃지 않는 사랑을 하라.

에필로그

자존감이나 자아상의 문제는 우리를 창조하신 하나님을 떠나서는 근본적인 해결책이 없다. 하나님은 당신을 가장 멋지게 창조하셨고, 엄청난 값을 지불하셔서 당신을 자신의 소유로 삼아주셨다. 놀라운 구원을 선물로 주셨다. 이 모든 것은 하나님이 당신을 위해 하신 일이며, 그만큼 당신이 소중하다는 의미이다.

우리는 하나님의 형상대로 지음 받은 창조적 가치를 지닌 존재이며, 예수께서 우리를 위해 대신 죽으실 만큼 구속적인 가치를 지닌 존재이기도 하다. 따라서 나는 소중한 사람이며 사랑받을 만하고 절대적인 고유의 가치를 지닌다. 세상에서 '나'라는 사람은 하나뿐이며, 그 어떤 것과도 바꿀 수 없는 소중한 존재이다. 어거스틴(Augustine)의 말대로 "하나님은 마치 이 세상에 나 한 사람밖에 없는 것처럼 나를 사랑하신다."

그럼에도 불구하고 많은 사람들이 자신이 얼마나 소중하고 가치 있는지를 모르고 살아가고 있다.

우리는 이제 이후로 자신에 대한 나쁜 평가를 하는 다른 사람이나 사탄의 말을 들을 필요가 없다. 다른 사람들이 나를 어떻게 평가하느냐가 문제가 아니라, 하나님이 나를 어떻게 보시느냐가 중요하다. 우리의 감정과 의지의 단계에서 뛰어넘어 믿음의 단계로 나아가야 한다. 당신에게 형편없다고 말하는 사람들의 말에 귀를 기울이지 말라.

하나님의 음성, 즉 "너는 내 사랑하는 아들이요 내 기뻐하는 자"라는 말씀에 귀를 기울이라. 하나님이 당신을 보시는 관점으로 자신을 보라. 당신 스스로를 사랑하라. 하나님의 사랑을 받는 당신은 진정으로 가치 있는 사람이다. 하나님이 우리를 사랑하신다는 모든 성경 말씀을 믿으라. 그럴 때, 펀치넬로처럼 당신에게 붙어 있는 열등감과 낮은 자존감의 점표들이 우수수 떨어질 것이다.

우리는 스스로가 얼마나 소중한 사람인지 깨달아야 한다. 그뿐만 아니라, 하나님께서 우리에 대한 평가를 그대로 믿어야 한다. 그렇게 할 때, 우리는 자신을 사랑하고 이웃을 사랑하게 된다. 높은 자존감을 회복할 때 우리는 밝고 행복하게 살게 될 것이다. 이 책은 당신이 얼마나 소중한 사람인지 알려줄 뿐만 아니라, 그 진리를 믿도록 도와줄 것이다.

참고도서

C.S. 루이스. 「순전한 기독교」. 홍성사, 2015.

게리 콜린스. 「크리스챤 카운슬링」. 두란노, 2000.

너새니얼 브랜든. 「자존감의 여섯 기둥」. 교양인, 2015.

노먼 라이트/프레드 레니크. 「건전한 자아상을 가지라」. 나침반, 2005.

닐 앤더슨.「내가 누구인지 이제 알았습니다」. 죠이선교회, 1993.

데이빗 A. 씨맨즈. 「상한 감정의 치유」. 두란노, 2004.

데이빗 A. 씨맨즈. 「어린 아이의 일을 버리라」. 두란노, 1993.

데이빗 A. 씨맨즈. 「치유하시는 은혜」. 두란노, 1994.

데이빗 칼슨. 「자존감」. 두란노, 1995.

데일 E 그리핀. 「나는 누구인가」. 종로서적, 1985.

로렌스 J. 크렙. 「인간이해와 상담」. 두란노, 2000.

로버트 그린. 「인간 본성의 법칙」. 위즈덤하우스, 2022.

로이드 존스. 「교리강좌시리즈 1」. 부흥과 개혁사, 2017.

마크 킨저. 「죄책감으로부터의 자유」. 두란노서원, 1991.

마틴 부버. 「나와 너」. 대한기독교서회, 2001.

맥스 루케이도.「너는 특별하단다」. 고슴도치출판사, 2002.

맥스 루케이도.「흔들리지 않는 약속, 흔들리지 않는 소망」. 생명의말씀사, 2019.

몰트만. 「창조 안에 계신 하느님」. 한국신학연구소, 1986.

브뤼노 우르스트. 「진짜 자존감」. 나무생각, 2020.

빌 웨버. 「긍정적으로 기쁨으로 사는 방법」. 나침반, 1991.

알리스터 맥그래스, 조애나 맥그래스. 「자존감」. IVP, 2014.

에모토 마사루 「물은 답을 알고 있다」. 더난출판사, 2008.

죠쉬 맥도웰. 「주의 형상, 나의 형상」. 순출판사, 1988.

찰스 V 걸킨. 「살아 있는 인간문서」. 한국심리치료연구소, 1998.

파커 J. 파머. 「삶이 내게 말을 걸어올 때」. 한문화, 2017.

폴 투르니에. 「죄책감과 은혜」. IVP, 2005.

프레드 레니크,노먼 라이트. 「건전한 자아상을 가지라」. 나침반, 2005.

후쿠마. 「개혁주의 인간론」. 기독교문서선교회, 1990.

구요한. 「내적 치유를 이렇게 하라」. 백합미디어, 2002.

김도훈. 「길 위의 하나님」. 조이웍스, 2017.

김명용. 「현대의 도전과 오늘의 조직신학」.장로회신학대학교출판부, 2005.

김성광.「행복자격증」. 도서출판강남, 2008.
김예식.「우울증 치료」. 한국장로교출판사, 2002.
김원배.「단단한자존감을 갖고 싶은 10대에게」.비전비앤피.애플북스, 2022.
김인중.「안산동산고 이야기」. 두란노, 2005.
류영모.「인생이 바뀐다」. 서로사랑, 2005.
문경희.「나는 나의 자존감 도둑이었다」. 미다스북스, 2020.
문동환.「자아확립」. 대한 기독교서회, 1989.
박경애.「인지, 정서, 행동 치료」. 학지사, 1998.
박성일.「C.S.루이스가 만난 그리스도」. 두란노, 2020.
박준서.「구약개론」. 기독교방송, 1984.
박 필.「당신의 말이 행복을 만든다」. 국민일보, 2011.
변상규.「자아상의 치유」. NUN, 2012.
송인규.「잃어버린 자아를 찾아서」. 한국기독학생회출판부, 1994.
송인섭.「인간의 자아개념 연구」. 학지사, 1998.
심수명.「사랑의 관계회복을 위하여」. 도서출판 NCD, 2003.
심수명.「하나님의 형상으로 지음받은 나」.도서출판 다세움, 2007.
연문희.「성숙한 부모 유능한 교사」. 양서원, 1996.
용혜원.「탁월한 언어의 능력」. 청우, 2002.
유은정.「내 마음도 쉴 곳이 필요해요」. 규장, 2022.
윤홍균.「자존감 수업」. 심플라이프, 2018.
이남하.「예수님짜리」. 요단출판사. 1998.
이무석.「자존감」. 비전과리더십. 2009.
이민규.「끌리는 사람은 1%가 다르다」. 더난출판. 2009.
이영숙.「여성성품리더십」. 두란노, 2013.
이태연 외.「인간관계의 이해」. 신정, 2006.
이형기.「성도의 정체성」. 두란노, 2012.
정동섭.「자존감 세우기」. 요단, 2014.
정정숙.「내 아이의 미래를 결정하는 가정원칙」. 카리스, 2011.
정지은. 김민태,「이의 자존감」. 지식채널, 2011.
정태기.「내면세계의 치유」. 규장, 2004.
정혜신.「당신이 옳다」. 해냄, 2020.
조용기.「행복을 주는 말」. 교회성장연구소, 2007.
최현석.「인간의 모든 동기」. 서해문집, 2017.
추부길.「가정과 건전한 자아상」. 한국가정사역연구소. 1999.
하재성.「우울증, 슬픔과 함께 온 하나님의 선물」. 이레서원, 2014.
한재욱.「인문학을 하나님께3」. 규장, 2021.

자존감
빌드업

초판인쇄일   2024년 11월 17일
초판발행일   2024년 11월 17일

펴낸이   임경묵
펴낸곳   도서출판 다바르

주소   인천 서구 건지로 242, A동 401호
               (가좌동)

전화   032) 574-8291

지은이   이희섭
기획 및 디자인   장원문화인쇄
인쇄   장원문화인쇄

ISBN   979-11-93435-13-7